놀이인간

허진석

서울에서 태어나 동국대학교 국어국문학과를 졸업하고 동국대학교 대학원에서 이학박사 학위를 취득했다. 주요 저서로 『농구 코트의 젊은 영웅들』(1994), 『타이프라이터의 죽음으로부터 불법적인 섹스까지』(1994), 『농구 코트의 젊은 영웅들 2』(1996), 『길거리 농구 핸드북』(1997), 『X-레이 필름 속의 어둠』(2001), 『스포츠 공화국의 탄생』(2010), 『스포츠 보도의 이론과 실제』(2011), 『그렇다, 우리는 호모 루덴스다』(2012), 『미디어를 요리하라』(2012·공저), 『아메리칸 바스켓볼』(2013), 『우리 아버지 시대의 마이클 조던, 득점기계 신동파』(2014), 『휴먼 피치』(출간 예정, 2016) 등이 있다.

놀이인간

초판 1쇄 발행 2015년 8월 28일
초판 2쇄 발행 2016년 12월 12일

지은이 허진석
펴낸이 최종숙

책임편집 이태곤
편집 권분옥 홍혜정 고나희
디자인 안혜진 이홍주
마케팅 박태훈 안현진
펴낸곳 글누림출판사
출판등록 제303-2005-000038호(등록일 2005년 10월 5일)
주소 서울 서초구 동광로46길 6-6(반포4동 577-25) 문창빌딩 2층(우 06589)
대표전화 02-3409-2055 | 팩스 02-3409-2059 | 전자우편 nurim3888@hanmail.net
홈페이지 http://www.geulnurim.co.kr
정가 13,000원
ISBN 978-89-6327-315-0 03690

＊이 도서의 국립중앙도서관 출판예정도서목록(CIP)은 서지정보유통지원시스템 홈페이지(http://seoji.nl.go.kr)와 국가자료공동목록시스템(http://www.nl.go.kr/kolisnet)에서 이용하실 수 있습니다.(CIP제어번호: CIP2015022914)

스포츠 역사로 읽는 호모루덴스

놀이인간

허진석 지음

머리말

학생들을 위해 책을 쓰고 싶었다. 체육의 역사를 쉽고 재미있게 공부할 수 있도록. 물론 체육사 전공자로서 대학에서 학생들을 가르칠 때 결코 교재가 부족하지는 않았다. 훌륭한 연구자들의 저서가 많았다. 다만 학생들이 읽기에 재미있고, 그래서 그 재미 때문에라도 매주 내 강의를 기다리는 학생이 많았으면 좋겠다는 생각을 했다.

이 책은 『아시아경제신문』의 스포츠난에 예순 번에 걸쳐 연재된 '놀이인간'을 모으고 다듬어 만들었다. 경제 신문에서 스포츠는 연성(軟性)의 읽을거리다. 정보를 많이 담고 있으면서도 읽는 재미가 있어야 한다. 이 사실을 유념하면서 원고를 썼기에, 책으로 엮으면 학생들도 읽을 때 지루해 하지 않으리라는 기대를 했다.

책을 쓰는 데 여러 훌륭한 저서들을 많이 참고했다. 『근대 스포츠의 본질(앨런 거트만 ; 송형석 옮김)』, 『스포츠와 체육의 역사 철학(로버트 메치코프 ; 김방출 옮김)』, 『러닝(토르 고타스 ; 석기용 옮김)』 등이다. 이 외에도 동서양의 고전을 두루 살펴 인용하고 비교하였다. 그러나 더 많은 소재를 영화나 다큐멘터리, 소설과 같은 곳에서 빌려다 썼다.

나는 독자와 함께 걷는 기분으로 글을 써나갔다. 앞서 나가지도, 뒤에서 따라가지도 않으려 했다. 우리는 예순 번에 걸쳐 고개를 넘고 모퉁이를 짚으며 길이 끝나는 데까지 갈 것이다. 그러나 내가 걸음을 멈추고 "다 왔다"고 선언해도 여러분에게는 갈 길이 남으리라. 함께 걸어간 길이 홀로 걸어갈 때 지도(地圖)가 되기를 기대한다.

변함없는 호의로써 내가 쓰는 글을 읽어 주시고 세상의 빛을 보도록 이끌어 주시는 도서출판 역락과 글누림출판사의 이대현, 최종숙 대표께 거듭 감사드린다. 부족한 글을 훌륭한 편집으로 보살펴 완성해준 이태곤 편집장과 안혜진 디자이너, 문선희 님 그리고 동료 여러분의 노고 또한 잊지 않겠다.

앵두가 익어가는 세검정에서
허진석

차 례

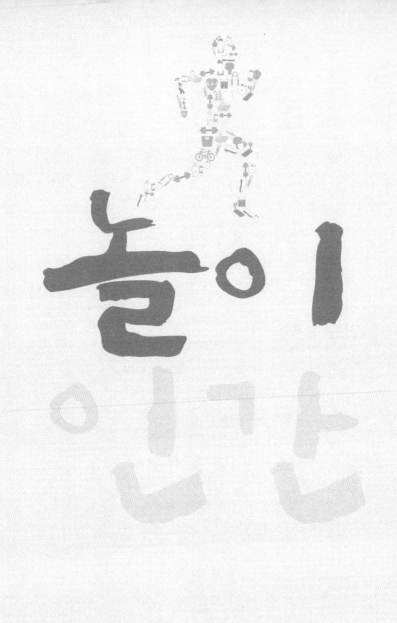

섹스, 폭력, 죽음 그리고 호모루덴스

인간은 번식을 위해 필요하지 않을 때도 섹스를 한다. 때로는 기꺼이, 때로는 마지못해, 때로는 억지로. 짝짓기 상대나 먹이를 놓고 경쟁하지 않을 때도 곧잘 싸움을 벌인다. 저항할 힘도 없는 상대를 공격해 다치게 하거나 살해할 때도 있다. 순전히 재미를 위해 상대를 공격할 수도 있다.

인류학자들이나 생리학자들은 이 같은 예를 들어 인간이 가진 생물학적 복잡성을 설명하려 노력하기도 한다. 물론, 이러한 인간의 특징은 부분적으로 다른 생명체에게서도 발견된다. 인간만이 가지고 있다는 많은 특징을 조각조각 부순 다음 자연계를 검색하면 일치하는 사례를 적지 않게 찾아낼 수 있다. 일부 학자들은 이 같은 사례를 근거 삼아 인류의 심리학적 근원을 찾아보려 한다.

13

『내셔널 지오그래픽』 같은 와일드 다큐멘터리를 취급하는 잡지나 영상물은 단지 먹기 위해서가 아니라 즐거움을 위해 바다사자를 공격하는 범고래(Killer Whale)를 보여준다. 이 대형 바다 포유류는 몇 시간 동안이나 바다사자를 럭비공처럼 주고받으며 논다. 범고래의 럭비 경기는 대개 바다사자의 서식지를 공격해 넉넉히 배를 채운 다음에 시작된다고 한다. 범고래들이 배가 고플 때 바다사자는 럭비 경기의 도구가 아니라 먹이다.

침팬지는 무리 가운데 하나를 골라 집단폭행함으로써 죽이기도 한다. 표적이 된 침팬지는 공포에 질려 이 나무에서 저 나무로, 나무의 밑동에서 맨 꼭대기로 사력을 다해 도망친다. 그러나 끝내 촘촘한 그물망 같은 포위를 뚫지 못한다. 무리는 희생자를 두들겨 패고 물어뜯어 죽게 한다.

침팬지 무리가 단지 재미를 위해서 잔인한 행동을 하는지, 아니면 무리 내의 패권 다툼이 이런 형태로 나타나는지 알 수 없다. 학자들은 이들의 행동을 통해 인간이 가진 잔인성의 원형을 추출해 내려고 애쓴다.

인간은 배가 고파도 섹스를 할 수 있다. 생식 능력을 잃은 '박카스 아줌마'도 성(性)을 판다. 박카스 아줌마의 성을 소비하는 남성들은 번식기를 넘긴 고령이 대부분이다. 그러나 섹스란 사실 많은 에너지를 필요로 하지 않는다.

성행위 한 번에 100~300kcal가 소비된다는 주장이 있다. 지나치게 과장이 됐지만 골자는 폭발적인 에너지가 필요하다는 것이다. 섹스를 '죽음의 체험'으로 간주하는 미학도 있다. 실상을 따져 보면, 이런 묘사와 설명은 한낮에 설핏 꿈을 꾸고 공들여 해명하는 꼴이다.

지난해 의학 학술지 『뉴 잉글랜드 저널 오브 메디신(New England Journal of Medicine)』엔 이런 연구 결과가 실렸다. 미국인의 성행위 시간은 평균 6분, 이때 소비되는 열량은 21kcal이었다. 6분 동안 걸을 때 소모되는 열량과 비슷하다. 심장에 이상이 없고서야 6분 걷고 '저승 체험'을 했다고 떠들 허풍쟁이는 없다. 섹스는 운동이 되지 않는다.

죽음은 엑스터시일 수 있을까? '나는 나를 파괴할 권리가 있다'는 프랑수아즈 사강(Françoise Sagan)의 선언은 멋지다. 물론 그녀는 '남에게 피해를 주지 않는 한'이라고 전제했다. 하지만 일제의 가미카제, 알카에다의 자살폭탄 테러는 죽음으로써 죽음을 구매할 수 있는 인간의 특징을 보여준다.

어렵던 시절, 점심 도시락을 싸 가지 못한 1960~1970년대의 친구들은 그늘에 늘어져 있는 대신 바람 빠진 공을 차며 운동장을 달렸다. 나는 배고파본 적이 없다. 도시락을 먹은 다음 운동장에 나가 그들 틈에 섞여 공을 찼다. 주린 배로 공을 차는 친구들을

『호모루덴스』 앞표지

이상하게 여겼다.

어른이 되어 책장을 뒤적이며 살게 됐을 때, 요한 하위징아(Johan Huizinga)를 사귀었다. 그는 『중세의 가을(Herbst des Mittelalters; Herfsttij der Middeleeuwen)』과 함께 나를 매혹한『호모루덴스 (Homo Ludens)』를 남겼다. 그를 통하여 나는 몇 가지 오랜 궁금증을 풀었다.

하위징아는 인간을 놀이하는 존재로 규정했다. 즉 호모루덴스, 놀이인간이다. 그의 비판적 계승자 로저 카이요아(Roger Caillois)는 "놀이는 인간의 본질이며 문화의 근원"이라고 했다. 이들의 주장에 따르면 문화는 놀이의 성격을 잃는 순간 붕괴한다.

놀이는 일상의 여가 속에서 자발적으로 이뤄지며 보상을 원치 않는다. 그 안에 규칙이 있고 구체적 공간이 있다. 놀이와 스포츠는 호모루덴스들이 낳은 일란성 쌍생아이거나 그 형제들이다.

존경하는 호모사피엔스(현생인류) 여러분! '호모루덴스'를 기억해 주기 바란다. 이제부터 그의 탄생과 성장, 그리고 혹시 있을지 모를 죽음에 대해 설명할 테니까.

트로이 성곽을 세 바퀴 달린
스프린터 아킬레우스

신이 인간을 창조할 때 용꿈 따위는 꾸지 않았다. 큰 기대를 한 것 같지 않다. 흙부스러기나 돌멩이, 나뭇가지 등 흔한 재료를 사용해 만들었다. 그리스 신화 속의 프로메테우스(Prometheus)는 흙으로 인간을 빚었다. 성경 속 '신'이나 중국신화 속 '여와(女媧)'도 흙을 사용했다. 심지어 프로메테우스는 대홍수로 인간이 멸종되자 돌을 등 뒤로 던져 신인류를 만들었다.

과학은 냉정한데다 신화나 종교보다 더 어렵게 설명한다. 그 중에서도 리얼하기로는 진화생물학을 못 따라간다. 인간은 원숭이의 후손이라는 것이다.

원숭이가 인간이 되려면 나무에서 내려와야 했다. 땅에 두 발을

디딘 원숭이 아니 인간은 어떤 행동을 했을까? 언젠가 이어령은 '브로드-캐스팅'이었다고 했다. 한 신문사의 종편 선정을 축하하는 자리에서였다. '멀리'(Broad) '던지기'(Casting). 호신술로 짱돌을 집어 던졌다? 그러나 스포츠 과학의 눈으로 보면 쉽지 않은 얘기다. 나무에 매달려 지내는 원숭이의 팔은 당기는(굽히는) 근육이 발달했다. 멀리 던지기에 익숙하지 않다.

야생에서 인간의 싸움 실력은 형편없다. 밀림이나 초원을 느릿느릿 돌아다니다가는 육식동물의 밥이 되고 만다. 자, 나무에서는 내려왔는데 던지기는 서툴고, 그러면 살아날 방법은? 줄행랑. 인간은 달릴 준비 없이 나무에서 내려오지 않았다. 최초의 호모루덴스는 동시에 육상 선수였으리라.

고대 세계에서 잘 달리는 능력은 신성(神性)을 내포했다. 신들을 보라. 한 걸음에 대륙을 건너뛴다. 제우스의 전령 헤르메스는 날개 달린 신을 신었다. 호메로스(Hómēros)*가 트로이 전쟁을 소재로 읊은 서사시 『일리아스(Ilias)』의 주인공, 반신반인(半神半人) 아킬레우스(Achilleus)도 '스프린터'였다.**

아킬레우스는 그리스식 이름으로, 우리에게는 라틴어 이름인

---

* 외국어 인명이나 지명은 괄호 안에 원어로 표기하려 하였다. 그러나 더 찾아보기를 원하는 독자를 생각해서, 경우에 따라서는 인터넷 검색을 할 때 노출 빈도가 높은 언어를 병기하였다. 중세 이전의 인명과 지명 가운데는 그리스어와 라틴어가 자주 등장한다.
** 아킬레우스는 무르미돈 족의 왕 펠레우스(Peleus)와 여신 테티스(Thetis)의 아들로 태어났다.

아킬레스(Achilles)로 잘 알려졌다. 그는 최강의 전사(戰士)이다. 창을 휘두르며 지나가면 시체가 산처럼 쌓이고 피가 내를 이룬다. 그런데 호메로스는 그를 '싸움짱'이 아니라 '발이 빠른(swift-footed)' 영웅으로 표현했다. 이 빠른 발은 그의 운명과 같다.

그의 어머니는 바다의 여신 테티스, 아버지는 테살리아의 프티아 국왕 펠레우스다. 테티스는 아들을 불사신으로 만들려고 저승을 가로지르는 스틱스(Styx) 강물에 담갔다 꺼냈다. 그러나 손으로 잡고 있던 발목은 물에 젖지 않아 치명적인 급소로 남았다. '아킬레스건(腱)'이라는 용어가 여기서 나왔다.

아킬레우스가 죽인 수많은 영웅 가운데 가장 큰 인물이 트로이의 왕자 헥토르(Hector)다. 아킬레우스는 『삼국지연의』에 나오는 여포나 관우 같은 장수들이 일기토를 하듯 일대일 대결을 해서 헥토르를 죽인다. 헥토르는 마지막 순간 공포감을 느껴 도망치다 붙들려 죽는데, 처절하다. 호메로스는 이렇게 읊었다.

"헥토르가 성벽 밑에서 달아나자 발이 빠른 아킬레우스는 그의 뒤를 쫓았다. 독수리가 달아나는 비둘기를 덮치려 하듯. (…중략…) 이 달리기는 짐승이나 쇠가죽 같은 상을 바라고 뛰는 경주가 아니었다. 말 잘 타는 장수 헥토르의 생명이 걸려 있었다. 두 장수는 트로이 성의 주변을 세 바퀴나 돌았다."

헥토르가 비겁한 장수는 아니다. 그는 스파르타(Sparta)의 왕 메넬라오스(Menelaos)의 아내 헬레네(Helénē)를 유혹해 트로이로 납치한 바람둥이 동생 파리스(Paris)의 형이다. 애국자이자 책임감 투철한 지휘관으로서 아킬레우스가 얼마나 강하고 무자비한지도 안다. 다만 두려움을 어쩌지 못했을 뿐이다.

헥토르를 죽이는 아킬레우스

아킬레우스가 기어이 헥토르의 숨통을 끊은 이유는 친구 파트로클로스(Patroklos)를 죽인 원수이기 때문이다. 아킬레우스는 헥토르의 목에 창을 꽂은 뒤 죽어가는 그에게 이를 갈며 저주를 퍼붓

는다. "너를 토막 내 먹어도 시원치 않다. 네 시체를 개와 날짐승의 먹이로 던져버리겠다"고

아킬레우스는 헥토르의 발뒤꿈치를 가죽 끈으로 꿴 다음 수레 뒤에 매달고 그리스군 진영으로 개선한다. 그는 파트로클로스의 장례를 거행한 뒤 잔치를 여는데, 과연 호모루덴스답다. 운동 경기 대회를 연 것이다. 달리기·마차경주·레슬링·권투·창던지기·검술·포환던지기·활쏘기 등 여덟 종목이다.

이집트의 파라오 람세스,
달리기로 왕이 될 자격을 입증하다

아킬레우스가 연 운동 경기 대회는 단순한 유희가 아니라 신들에게 바친 제사다. 젊은 사나이들의 잘 발달한 신체는 신들을 기쁘게 할 제물이었다. 올림픽을 축전(祝典)이 아니라 제전(祭典)이라고 일컫는 이유도 신들을 위한 잔치이기 때문이다. 여기에서도 달리기는 가장 중요한 종목이었다.

고대올림픽은 일반적으로 기원전(BC) 776년에서 서기(AD) 393년 사이에 4년마다 개최되어 제293회까지 계속된 제전 경기를 뜻한다. 올림피아에 신전(神殿)을 둔 올림푸스의 주신(主神) 제우스에게 바치는 제전이었다. 올림픽이 열린 시기는 오늘날의 7~9월 사이 보름달이 뜨는 날이 중심이었다.

고대올림픽 초기에는 경기장 끝에서 끝까지 달리는 '스타디온 (Stadion)' 경기만 열렸다. 스타디온은 거리의 단위로서 훗날 실측한 결과 도시마다 차이는 있으나 200m에 채 못 미치는 거리였다. 스타디온 경기가 열리는 장소도 스타디온(Stadion)이라고 불렀다. 스타디온의 라틴어 표기가 스타디움(Stadium)이고, 이 명칭이 훗날 종합경기장을 가리키게 되었다.

초기에 단거리 달리기만 열리던 올림픽은 기원전 724년 제14회 대회부터 경기장을 왕복하는 경주가 추가됐다. 기원전 708년 제18회 대회부터 레슬링과 5종경기(멀리뛰기·창던지기·단거리경주·원반던지기·레슬링) 등 경기 종목이 점차 늘어 전성기에는 열세 개 종목에 이르렀다. 그러나 언제든 가장 중요한 경기는 달리기였다.

고대 그리스 세계에서 뛰어난 달리기 능력은 신성을 대변했다. 헬레니즘 시대를 연 마케도니아의 정복왕 알렉산드로스(Aléxandros)도 발이 무척이나 빠른 사람이었다.* 그는 자신이 아킬레우스의 직계 후손이라고 믿었다. 빠르게 이동하는 기차나 비행기에서 내다본 세계는 한가하게 걸으며 보는 세계와 다르다. 알렉산드로스는 보통 사람과 다른 방법으로 세상을 바라보았다.

일설에 의하면, 알렉산드로스는 누군가 달리기 경주에서 일부러 자신에게 져주자 엄청난 모욕으로 받아들였다고 한다. 알렉산

---

* 알렉산드로스 3세 메가스. 아르게아스 왕가의 필리포스 2세와 인접국 모로시아 왕가 출신의 왕비 올림피아스 사이에서 태어났다. (종교학대사전)

드로스는 이 일을 계기로 달리기를 그만두었지만 운동과 경기의 정치·사회적 기능에 대한 통찰은 남달랐다. 한번은 올림피아 대회에 참가해 달라는 초청을 받자 이렇게 대답했다.

"나와 겨룰 만한 왕이 나온다면 참가하겠다."

알렉산드로스

알렉산드로스와 겨룰 만한 왕은 나오지 않았을 것이다. 하지만 이집트의 람세스 2세(Ramses II)는 경쟁자가 없어도 달려야 했다. 그는 기원전 1278년부터 무려 66년 동안 파라오로서 이집트를 지배했다. 람세스 2세는 대관식에 앞서 자신의 신성, 즉 왕이 될 자격을 입증하기 위해 백성들 앞에서 달려야 했다.

람세스 2세는 150m 길이의 트랙을 날듯이 달렸다. 그는 잘 달리기 위하여 힘을 돋우는 강장제를 마시고 신성한 음식을 먹었다고 한다. 현대식으로 약물검사를 했다면 아마도 선수 자격, 즉 왕이 될 자격을 박탈당했을지 모른다. 그는 30년 뒤에도 통치자로서 능력을 유지하고 있음을 증명하기 위해 백성들 앞에서 같은 거리를 달렸다.

람세스 2세

빠르다는 가치는 단지 신성만을 암시하지 않았다. 속도는 고대 세계에서도 매우 현실적인 문제였으며, 특히 군사력을 평가하는 데 중요한 지표가 됐다. 고대 지중해 세계의 지배자 그리스와 그 뒤를 잇는 로마의 군사력은 보병이 중심이었다. 아테네와 스파르타의 보병들은 눈부신 스피드로 상대를 압도해 승리를 거두곤 했다. 마라톤 전투가 그랬다.

기원전 490년 다레이오스 왕(Dareios I)이 파견한 페르시아 군이 마라톤 평원에 상륙하자 아테네에서는 밀티아데스(Miltiades)가 지휘하는 보병 1만1000명을 파견했다. 밀티아데스는 높은 지대에 진을 친 다음 선제공격으로 승부를 걸었다. 아테네 군은 언덕에서 내려가는 탄력을 이용해 보통 때보다 두 배 빠른 속도로 진격했다.

중앙군을 얇게, 양 날개를 두텁게 편성한 아테네 군은 불과 192명의 전사자만 내고 페르시아군 6,400명을 살상했다. 아테네 군에는 눈부신 스피드와 두려움을 모르는 아킬레우스의 심장이 있었던 것이다. 이 역사적인 전투를 통하여 인간 한계에 도전하는 달리기, 마라톤 경기의 기원과 관련한 전설이 시작된다.

마라톤의 고향은 마라톤이 아니라 파리다?

파나티나이코 스타디온(Panathinaiko-stadion). 근대올림픽이 탄생하던 1896년 '태반' 역할을 한 곳이다. 칼리마르마로(Καλλιμάρμαρο; '아름다운 대리석으로 장식한'이라는 그리스어)로도 알려져 있다. 고대에 이 경기장은 아테네 여신을 위한 판아테나이아 대회의 경기장으로 사용됐다. 기원전 329년 집정관 리쿠르고스(Lykoûrgos)가 경기장을 대리석으로 새로 지었고, 서기 140년에 헤로데스 아티쿠스(Herodes Atticus)가 경기장을 증축하면서 좌석을 5만 개로 늘렸다. 1895년에 파나티나이코 스타디온은 1896년 올림픽을 개최하기 위해 보수됐다. 현재의 관중석은 앉기에 따라 8만 명까지 수용할 수 있다.

2004년 올림픽이 열렸을 때, 파나티나이코 스타디온은 마라톤 경기의 골인 지점이었다. 이 경기장은 관중석에서 내려다볼 때와, 육상 트랙에 내려섰을 때 전혀 다른 감각을 경험하게 만든다. 관중석에서 보면, 스타디온은 아크로폴리스 방향으로 소실점이 끝없이 물러서면서 어떤 생명체가 속살을 숨기는 듯하다. 그러나 경기장 한복판에 서면 태양의 에너지를 모조리 끌어 모은 오목거울이 초점을 트랙이나 사대에 선 선수에게 집중시키는 것 같은 느낌이 든다. 아크로폴리스 방향으로 터진 공간은 영겁을 지나 고대 올림픽의 시간으로 선수를 초대한다.

파나티나이코 스타디온

U자형 스타디온의 열린 방향으로 멀리 아크로폴리스의 폐허가 지중해의 태양 아래 바짝 마른 아테네 시가지와 매연 속에 아련한

피레우스 항을 내려다보고 있다. 한여름에 태양은 그림자조차 두 부모처럼 잘라내 가도의 차량들은 직사각형의 그림자를 차 바닥에 매달고 달린다. 이 무서운 열기는 마라톤 전투의 승전보를 전하기 위해 아테네까지 내처 달린 병사가 탈진한 나머지 쓰러져 숨졌다는 일화를 전설이 아닌 사실로 믿게 한다. 마라톤 평원으로부터 아테네까지의 거리는 근대에 실측한 결과 40㎞ 남짓이다. 그러나 8월 12일 또는 9월 12일로 추정되는 전투가 벌어진 그 날, 한낮의 대지를 달렸다면 탈수증이나 일사병에 걸려 목숨을 잃었을 수 있다.

마라톤은 아테네 북동쪽에 있는 평원이다. 이곳에서 기원전 490년에 다레이오스 왕이 보낸 페르시아 군과 밀티아데스가 이끄는 아테네 군이 싸웠다. 흔히 알려지기로는 승전보를 전하기 위해 아테네까지 쉬지 않고 달려간 전령 페이디피데스(또는 필리피데스)를 기리는 뜻에서 마라톤이 시작되었다고 한다. 그러나 기원전 484~425년(추정) 사이에 생존한 인물로, 키케로(Marcus Tullius Cicero)가 '역사의 아버지'라고 부른 그리스의 역사가 헤로도토스(Hēró-dotos)의 기록은 이와 같은 마라톤 기원설을 의심하게 만든다.

필리피데스가 페르시아 전쟁터였던 마라톤에서 아테네로 돌아온 경로를 설명한 문헌을 찾기 어렵다. 당시의 전령들은 고도로 훈련된 자들이었을 것이고, 필리피데스도 전령이었을 것이다. 40

㎞ 정도를 달리고 죽을 저질 체력으로 전령이 될 수는 없었으리라. 전령의 실제 이름도 필리피데스(Philippides), 페이디피데스(Pheidi-pides), 피디피데스(Phidippides) 등 다양하게 전해졌다.

필리피데스가 승전보를 전하고 죽었다는 이야기와 흡사한 고사(故事)는 페르시아 전쟁이 끝난 지 500년이나 지난 뒤에 나온 플루타르크(플루타르코스; Ploútarkhos)의 『윤리론』에 등장한다. 현재의 마라톤 기원설과 가장 흡사한 이야기는 2세기쯤 풍자 작가 루키아노스(Lukianos)가 썼다. 그의 글은 전쟁이 끝난 지 600년이나 지난 뒤에 나왔다. 미국의 <아테네 고전연구학회(ASCSA)> 이사였던 고고학자 제임스 머리(James Murray)는 루키아노스가 쓴 『진실된 역사』는 역사적 가치가 없다고 단언했다.

피에르 드 쿠베르탱(Pierre de Coubertin)의 회고록에 따르면, 그리스 역사에 심취한 프랑스 소르본 대학의 미셸 브레알(Michel Breal) 교수가 1894년 쿠베르탱에게 마라톤 경기를 올림픽 종목으로 제안하였다. 쿠베르탱은 소극적이었지만, 브레알은 자기가 우승컵을 기증하겠다며 열성을 보였다. 올림픽 마라톤의 첫 우승자 스피리돈 루이스(Spiridon Louis)가 받은 이 컵을 '브레알 컵'이라고 한다. 마라톤은 브레알의 노력으로 육상 종목이 되었다. 그러므로 마라톤 경기의 탄생지는 옛 그리스의 전쟁터가 아니라 프랑스 파리인 셈이다.

레슬러 플라톤,
올림픽 우승의 꿈은 끝내 이루지 못했다

마라톤 경기의 기원이 어디에 있든, 이 장거리 달리기는 인간의 도전 정신을 함축하는 운동으로 이미지를 굳혔다. 그리고 올림픽이라는 종합체육대회를 상징하는 경기 가운데 하나가 되었다. 우리에게 마라톤과 올림픽은 손기정과 황영조라는 국민적인 영웅의 이미지와 병치된다.

한국인에게 올림픽 금메달은 운동선수가 도달할 수 있는 가장 높은 단계의 성취로 인식된다. 올림픽에서 금메달을 따면 한 마디로 팔자를 고친다. 올림픽 금메달리스트에게는 군 입대를 면제하고 연금을 지급하며 대한민국의 영웅이라는 명예를 주입한다.

국가가 나서서 운동선수를 지원하고 스포츠를 육성하는 체제를

플라톤

국가아마추어주의(State Amateurism)라고 한다. 주로 동구권 국가에서 선수들을 체제의 우월성을 증명해 보이는 '스포츠 전사'로 규정하고 어려서부터 스포츠 엘리트를 발굴해 육성한 정책이다.

한국은 정치적으로 서방 진영에 포함돼 있으면서도 스포츠 정책은 동구권의 국가 아마추어주의를 채택한 매우 특이한 나라다. 혹자는 이를 스포츠의 순수성을 훼손한 사례로 보고 맹렬히 비난한다. 그러나 올림픽이 순수했던 적은 한 번도 없다. 근대건, 고대건.

영국의 철학자 겸 수학자인 알프레드 노스 화이트헤드(Alfred North Whitehead)는 "모든 서양 철학의 전통은 플라톤(Plato, Platōn)에 대한 각주에 불과하다"고 했다. 그만큼 서양 사상(그리고 그 지배를 받는 현대 세계)에 미친 플라톤의 영향은 크다. 기원전 4~5세기에 산 플라톤이 현재를 지배한다.

우리가 알고 있는 플라톤의 이름은 별명이다. 그 뜻은 '어깨가 넓은 사람'이다. 그의 본명은 아리스토클레스(Aristokles)다. 그가 이 이름으로 후세에 전해졌다면 아리스토텔레스와 헷갈렸을지 모른다. 중고생의 시험문제로 자주 등장했을 게 틀림없다.

플라톤이 직접 썼다고 확인된 저작물은 스물다섯 편인데 이 가운데 백미는 『국가론(Politiea)』이다. 그는 청소년에게 철학(즉 고급학문)을 가르치기에 앞서 시가(詩歌)와 체육을 먼저 가르쳐야 한다고 주장했다. 그에게 체육은 용맹한 아테네의 시민이자 전사를 길러내는 '수단'이었다.

플라톤은 레슬러였다. 고대 그리스의 4대 제전으로 올림피아드(Olympiad)·피디안(Pythian)·이스토미안(Isthmian)·네미안(Nemean)이 꼽히는데, 플라톤은 이스토미안을 두 번 제패했다. 그러나 올림피아드 우승의 꿈은 이루지 못했다. 소크라테스(Socrates)의 제자가 된 시기는 레슬링을 그만둔 다음이다.

올림픽은 올림푸스의 주신(主神) 제우스에게 바치는 제전이다. 올림픽의 기원을 설명하는 신화는 경기력이 부와 권력으로 이행하는 메커니즘을 잘 보여준다. 스포츠는 유희가 아니라 투쟁의 수단이었던 시절부터 승리자에게 전리품을 보장했다.

제우스는 올림푸스에서 아버지 크로노스와 레슬링을 한다. 크로노스는 아내 레아가 낳은 아기를 모두 집어삼킨, 포악한 아버지다. 경기에서 이긴 제우스는 기진맥진한 아버지에게 약을 먹여 형과 누이들을 토하게 했다. 아버지 뱃속에서 나온 형과 누이들은 갓난아이의 모습을 지키고 있었다. 그래서 막내 제우스는 가장 먼저 태어난 자가 되었고 올림푸스의 제왕이 됐다.

제우스가 크로노스를 이긴 사건을 기념해 그리스인들은 올림피아에서 올림픽을 열었다. 우리는 고대 올림픽에 대해 환상을 가지고 있다. 그리스의 도시 국가들은 지독한 전쟁을 벌이다가도 올림픽이 열리면 모든 전쟁을 중단했으며* 고대 올림픽의 승리자들은 그저 월계관을 쓰고 명예를 누렸을 뿐 금전과 같은 속된 보상은 바라지 않았다고.

하지만 사실과 다르다. 고대 올림픽의 우승자들은 월계관뿐 아니라 재물을 축적할 수 있었고, 따라서 올림픽은 팔자를 고칠 수 있는 기회였다. 김복희는 『고대 올림픽의 세계』에서 다음과 같이 썼다.

"우승자가 배출된 도시에서는 우승자에 대한 보상을 아끼지 않았다. 예를 들어 아테네에서는 솔론(Solon)이 올림피아 제전 경기의 우승자에게는 500드라크마, 지방 경기 우승자에게는 100드라크마의 포상금을 주는 제도를 만들었다. 1드라크마는 양 한 마리 또는 곡물 1메딤노스의 가치가 있었다. 펜타고시오메딤노이(일 년에 500 메딤노이의 곡물을 생산할 수 있는 땅을 소유한 사람)가 가장 부유한 상류층이었다는 것을 감안해보면 포상금의 가치가 얼마나 큰 것인지 쉽게 알 수 있다."

---

* 올림픽 휴전(Olympic Truce)이라고 한다.

동계올림픽

근대 올림픽의 태동은 19세기 후반 유럽에서 유행한 그리스 문화와 관련이 있다. 상징적인 인물이 하인리히 슐리만(Heinrich Schliemann)이다. 그는 호메로스의 서사시 『일리아스』를 역사책으로 읽었고, 아킬레우스와 헥토르가 목숨을 걸고 싸운 트로이 성이 실존했다고 믿었다. 슐리만이 발굴해 트로이가 틀림없다고 믿은 곳은 에게 해에서 6㎞ 떨어진 히살리크 언덕에 있다. 슐리만은 미케네도 발굴했는데, 트로이 전쟁 때 그리스 원정군의 총사령관 아가멤논이 미케네의 왕이다. 슐리만은 무덤을 파헤쳐 황금가면을 찾아내곤 "아가멤논의 얼굴을 보았다"고 흥분했다.

슐리만이 트로이의 발굴자라면, 피에르 쿠베르탱은 올림픽의 발굴자다. 근대 올림픽의 창시자로 알려진 쿠베르탱은 프랑스의

35

하인리히 슐리만

부르주아였다. 그는 프랑스가 프로이센과의 전쟁에서 진 이유는 프랑스 청년들이 정신적·육체적으로 독일 청년들만큼 강하지 못해서였다고 판단했다. 따라서 스포츠 교육을 통해 프랑스를 재건해야 한다고 주장했다. 쿠베르탱의 사고는 프랑스의 유럽 지배를 꿈꾸는 패권주의와 다름없다. 이런 면에서 아돌프 히틀러 (Adolf Hitler)와도 크게 다르지 않다.

대한민국에서 태어난 반기문 UN 사무총장은 소치 동계올림픽 개막을 이틀 앞둔 2014년 2월 6일(한국시간) 국제올림픽위원회(IOC) 총회에 참석했다. 그는 이 자리에서 '올림픽 휴전'의 준수를 호소했다. 올림픽 휴전은 고대 올림픽에 참여한 그리스 도시국가들이 대회 기간 동안 휴전하기로 한 서약이다. 그리스어로 에케케이리아(Ekecheiria)라고 한다. 그러나 전쟁은 심심찮게 벌어졌다. 90회 대회가 열린 기원전 420년에는 스파르타에서 피르코스와 레프레옴에 군대를 보냈다. 벌금이 부과됐지만 스파르타는 벌금 납부를 거절했다. 그 대가는 올림피아 출전 정지 처분이었다.

근대 이후에도 올림픽이 전쟁을 중단시킨 적은 없다. 전쟁 때문에 올림픽을 열지 못한 경우가 세 차례(1916, 1940, 1944년)나 된다. 올림픽은 배타적인 국가주의 경쟁의 가장 높은 경지를 보여준다. 통치자들은 올림픽을 통해 맹목적인 애국심을 강요할 권리 또는 기회를 제공받는다. 올림픽은 자국 선수들의 승리를 국가적인 승리로 환산하는 이기적 애국심을 조장한다. 이때 텔레비전과 신문, 잡지 등 매스미디어가 결정적인 역할을 한다.

고대 올림픽은 기원전 776년부터 적어도 기원후 260년까지 4년마다 정기적으로 개최되었고 393년 폐지될 때까지는 부정기적으로 열려 명맥을 유지했다. 근대올림픽은 1896년에 시작됐다. 동계올림픽은 하계올림픽보다 28년 늦게 1924년 프랑스 샤모니에서 처음 열렸다. 한국이 처음 참가한 동계올림픽은 1948년 스위스 장크트 모리츠 대회다. 이 대회는 1948년 1월 30일부터 2월 5일까지 열렸다. 그러므로 광복 이후 한국이 참가한 첫 올림픽은 같은 해 7월 29일부터 8월 14일까지 런던에서 열린 하계올림픽이 아니라 동계올림픽이었던 것이다.

장크트 모리츠 대회에는 최용진 감독의 인솔로 이효창·문동성·이종국 선수가 출전했다. 월터 정이 총무 겸 통역을 맡아 모두 다섯 명으로 구성된 '미니 선수단'은 입장식에서 대한민국(Coree)이라는 국명이 표기된 피켓과 태극기를 앞세웠다. 그러나 미군정 시절이었으므로 선수단의 소속은 '남조선재조선미육군사령부군정청(在朝鮮美陸軍司令部軍政廳·United States Army Military Goverment in Korea)'이었다. 한국은 스피드스케이팅 종목에만 출전했다. 가장 좋은 성적은 이효창이 1,500m에서 기록한 19위(2분23초3)였다. 문동성이 훈련 중 발을 다쳐 최용진이 대신 출전하는 웃지 못할 일도 있었다.

돈 잔치, 올림픽

러시아 대통령 블라디미르 푸틴(Vladimir Putin)은 2014년 소치에
서 열린 동계올림픽에서 빅토르 안(Victor Ahn)이라는 귀화 선수에
열광했다. 안이 소치동계올림픽 쇼트트랙 남자 1,500m에서 3위를
해 러시아 쇼트트랙 사상 첫 메달을 따자 축전을 보냈다. 그뿐 아
니라 자신의 SNS 커버 페이지를 안의 사진으로 바꿨다. 안은 이
후 금메달을 세 개나 따냈고, 푸틴 뿐 아니라 러시아 전체가 열광
했다.

푸틴은 올림픽이 끝난 다음 빅토르 안에게 훈장을 주었다. '제4
급 조국공헌 훈장'으로서, 경제·사회, 과학·기술, 문화·예술·
스포츠 등의 분야에서 탁월한 기여를 한 사람에게 준다고 한다.
푸틴은 안에 대해 "탁월한 거장인 빅토르 안이 러시아 대표로 출

전해 우리에게 메달 네 개를 안겨주고 수백만 명이 쇼트트랙을 사랑하게 만들었다"고 했다.

훈장이 전부가 아니다. 빅토르 안은 모스크바 시내에 있는 고급 아파트와 상금 5억 원 가량을 받는다고 했다. 전형적인 '국가 아마추어리즘'의 실천이다.

국가 아마추어리즘은 냉전시기의 산물이다. 동구권 국가들은 운동선수들을 스포츠 정글에서 거두는 승리를 통해 자국 체제의 우월성을 증명해 보이는 '스포츠 전사(戰士)'로 규정했다. 국가가 나서서 스포츠 엘리트를 발굴해 체육영웅으로 육성하고 관리했다. 승리자들에게는 신분상승과 물질적 보상이 따랐다. 동구권 해체 이전 동독과 소련이 따낸 수많은 메달은 이 정책의 산물이다.

노골적인 국가 체제 간 경쟁은 기록 물질만능주의를 낳았고 스포츠는 더 이상 순수하지 않은 경쟁 분야가 되었다. 물질은 스포츠 정신이 비운 자리를 대체하는 수단으로서 마약과도 같은 위력을 발휘했다. 부와 명성을 위해 선수들은 약물도 서슴지 않았다. 서울올림픽 남자100m 경기에서 벤 존슨(Ben Johnson)은 1위로 골인했지만 약물검사를 통과하지 못해 금메달도 선수자격도 모두 잃었다.

쿠베르탱은 "올림픽의 의의는 승리하는 데 있지 않고 참가하는 데 있다"고 했다. 그는 현대 스포츠가 지금과 같이 변화(또는 변질)

할지 몰랐을 것이다. 올림픽의 의의를 참가하는 데서 찾는 선수가 있다면 경기력이 메달을 딸 수준에 미치지 못하는 경우가 적지 않을 것이다. 우승을 때 논 당상으로 생각하는 선수가 같은 말을 했다면 겸손을 가장한 오만으로 읽히기 쉽다.

올림픽 금메달은 양보할 수 없는 가치를 지녔고, 국가가 거두는 승리를 상징하기에 집착을 부른다. 소치올림픽에서 개최국 러시아가 심판과 관계자들에게 영향을 줘서 공정하지 않은 결과를 만들어냈다고 주장하는 사람들이 적지 않다. 떠도는 말 가운데는 "소치(의 편파)가 서울(올림픽 때의 편파)을 능가했다"는 내용도 있다. 그러니 러시아를 비웃거나 욕할 일도 못 된다.

로이 존스 주니어(Roy Jones Jr)의 금메달 청구 사례는 올림픽 금메달을 향한 집착이 얼마나 강렬한지 보여준다. 존스는 서울올림픽 복싱 라이트미들급(71kg급) 결승에서 한국의 박시헌에게 3:2 판정패를 당했다. 박시헌이 불리한 경기를 했다고 판단한 전문가가 많았기에 당연히 판정시비가 일었다. 미국은 불만을 표현하는 수준을 넘어 금메달을 되찾기 위해 노력했다. 집요한 노력은 10년이 지나서야 실패로 막을 내렸다.

1997년 5월 22일, 국제올림픽위원회(IOC)는 모나코 몬테카를로에서 집행위원회를 열고 금메달을 돌려달라는 존스의 요구를 거절했다. 존스는 한국이 판정에 유리하도록 심판들에 뇌물을 주었다고 줄곧 주장했다. 그러나 프랑수아 카라르(François Carrard) 집행위원장은 "1988년의 판정을 재고할 만한 새로운 사실을 발견하지 못해 존스의 주장을 기각했다"고 했다. 카라르는 가장 중요한 증인인 모로코인 주심 히두아드 라비(Hiduad Larbi)를 만났다. 라비는 "1988년에 돈을 받기는 했지만 경기 외에 발생하는 부대비용을 처리하기 위해 대회조직위원들로부터 받은 것이라 문제없다"고 주장했다.

올림픽의 타락에 진저리가 난 사람들은 흔히 고대 올림픽을 그리워한다. 많은 사람들은 이 시기의 올림픽을 육체와 정신이 조화된 인간을 만드는 데 기여했던 것으로 믿고 있다. 그러나 실제로 고대 올림픽은 가장 특권적인 문화 행사로서 그리스 계급 사회와 권력구조를 지탱하는 이념에 의해 후원받았다. 인구의 50%가 넘는 노예들과 여성의 참가와 관전을 금했고 승리자에게 월계관을 씌우던 초기의 시상제도는 후기로 갈수록 막대한 부(상품으로는 노예까지 포함되어 있었다)와 특권을 보장하는 모습으로 변질되어 갔다.

그러니 고대 올림픽 역시 순수한 무대는 아니었다. 고대 올림픽이 열리는 날 선수들은 모두 제우스 상 앞에서 돼지를 잡아 제물로 바치고 선서를 했다. 선수와 코치들은 부정을 저지르지 않겠노라고, 심판들은 뇌물을 거부하고 공명정대한 판정을 내리겠노라고 이런 선서가 왜 필요했겠는가. 제우스 상은 양손에 번개를 든 형상이었다. 부정을 저지르면 벼락을 맞아 죽을 줄 알라는 얘기다. 그러나 부정을 저지른 선수가 벼락 맞아 죽었다는 기록은 찾기 어렵다.

지금도 남아 있는 올림피아의 유적들은 고대 올림픽의 오염을 증언한다. 제우스 동상 받침대가 열 개 이상 남아 있는데 모두 경기에서 부정을 저지른 자에게 부과된 벌금으로 만들었다.* 기원전 388년에 열린 제89회 올림피아에서 테살리아의 권투 선수 에우폴루스(Eupholus)가 경쟁자 세 명에게 돈을 주고 승부를 조작했다가 발각돼 네 선수 모두 벌금을 물었다. 그 벌금으로 세워진 상에는 '올림픽에서 승리는 돈이 아니라 빠른 발과 체력으로 얻어야 한다'고 적었다.

유명한 네로(Nero) 황제도 빠지지 않았다. 그는 서기 67년 뇌물을 뿌려 자신이 좋아하는 시 낭송을 올림픽 종목에 넣게 했다.

올림피아에 남은 자네스 받침대

---

* 고대올림픽의 심판들에게는 규칙을 어기는 자를 처벌하는 중요한 임무가 있었다. 경기의 규칙을 어긴 사람에게는 벌금을 부과하였다. 이 벌금으로 경기장 입구에 제우스의 동상인 자네스(Zanes)를 세웠다.

콜로세움의 등장

전쟁은 승자와 패자를 가르고 승리자는 지배자가 된다. 다레이오스 왕의 침략을 막아낸 마라톤 전투, 크세르크세스 왕(Xerxes I)의 대규모 침공을 격퇴한 페르시아 전쟁 이후 그리스는 지중해 세계의 패자(覇者)가 되었다. 그러나 시오노 나나미(塩野七生)가 지적했듯 그리스 민족은 단결에 서투른 사람들이었다. 그리스의 도시국가들은 아테네와 스파르타를 중심으로 나뉘어 두 차례 전쟁을 한다. 곧 펠로폰네소스 전쟁이다. 지중해 세계의 패권을 다투는 싸움이었으므로 곧 세계대전이었다. 전쟁은 그리스 도시국가의 국력을 고갈시켰다.

기원전 338년 마케도니아의 왕 필리포스 2세(Philippos II)의 침략으로 그리스의 전성기는 막을 내렸다. 필리포스의 아들 알렉산드로스가 정복전쟁을 통해 제국을 확대하면서 헬레니즘(Hellenism) 시대를 꽃피운다. 고대 세계에서 그리스 문화의 영향력이 절정에 달한 시대다. 헬레니즘은 헤브라이즘(Hebraism)과 더불어 서양 문화의 두 기둥이 되어 오늘날에도 작동하고 있다. 헤브라이즘은 헤브라이 민족, 즉 유대인들의 문화 전통이 서구화된 것을 지칭하는 말이고 구체적으로는 기독교화한 유럽의 문화이다.

마케도니아의 섬광과도 같이 짧은 전성기가 끝난 뒤 로마가 지중해의 주인이 되었다. 로마는 기원전 3세기 이탈리아 반도 대부분을 정복한 다음 지중해로 진출해 카르타고와 격돌했다. 세 차례에 걸친 전쟁은 기원전 149년 로마가 카르타고를 함락하고 철저히 파괴함으로써 종지부를 찍었다. 이제 로마인들은 지중해를 우리 바다(Mare Nostrum), 또는 내해(內海; Mare Internum)라고 부르게 되었다.

로마는 그리스의 여러 신들을 이름만 바꿔 부르며(예를 들면 제우스는 주피터, 헤라는 주노, 아테네는 미네르바) 섬겼다. 그리스인들은 심각한 문화 충격을 경험하지는 않았을 것이다. 올림픽도 변함없이 열렸다. 그러나 고대 올림픽은 기독교를 로마제국의 국교로 정한 테오도시우스 1세 황제(Flavius Theodosius)가 이교도들의 종교행사로 규정해 서기 394년 폐지를 명령하는 칙령을 선포함으로써 종언을 고했다. 서기 393년에 열린 제 293회 대회가 마지막 고대 올림픽이었다.

올림픽의 폐지는 올림피아의 스타디온(Stadion)이 고대 스포츠 세계에서 메인 스타디움의 지위를 상실했다는 뜻이다. 올림피아의 스타디온이 비운 자리는 로마의 콜로세움(Colosseum)이 대신하게 되었다. 콜로세움의 원래 이름은 '플라비우스 원형경기장'(Amphith-eatrum Flavium)이지만, 중세부터 콜로세움으로 불렸다. 72년에 베스파시아누스 황제(Vespasianus Augustus) 때 착공해 8년 뒤인 80년에 그의 아들 티투스 황제(Titus Flavius) 때 완공되었다. 규모는 높이 48.5m, 길이 188m, 넓이 156m에 이른다. 4단으로 된 관람석은 좌석 4만5,000개, 입석 5,000개를 갖추었다.

현대인들에게 콜로세움은 다양한 이미지로 다가온다. 로마의 대표적인 관광지 가운데 하나인 콜로세움은 로마의 건축 테크놀로지가 집약된 첨단의 현장이다. 또한 검투사들의 목숨이 휴지조각처럼 날리던 피 비린내 나는 폭력의 현장,

콜로세움

그리고 영화 <쿼바디스(Quo Vadis)>가 표현한 것처럼 기독교도들을 굶주린 맹수의 아가리에 던져주던 가혹한 박해의 현장으로 일컬어진다. 이와 같은 묘사와 이미지는 사실에 얼마나 가까울까?

45

한편 콜로세움의 위대함을 찬양하는 쪽에서는 이 건축물이 직접민주주의, 대중민주주의의 상징과도 같으며 이와 같은 개방성에 로마 제국의 위대함이 있다고 주장한다. 그들은 로마 시대의 콜로세움이 밖으로는 황제의 권력을 과시하고, 안으로는 시민들과 직접 만나서 소통하는 철저한 정치 무대였다고 보았다. 황제는 로마 민중의 지지를 구하고 민중은 자신들의 요구를 드러내는 전례 없는 정치적 공간이었다는 것이다. 절대 권력의 상징이었던 로마의 황제조차 로마민중과의 소통을 통해서 정치를 했다는 사실은 2,000년이라는 시간을 뛰어넘어 현대사회를 살아가는 우리에게 소중한 교훈이 될 것이다.

이렇듯 콜로세움은 다양한 표정으로 우리에게 다가온다. 체육사학자의 입장에서 볼 때, 콜로세움은 스타디온과 다름없는 제전의 현장이다. 다른 점이 있다면 스타디온에서 열린 경기들이 제우스를 비롯한 올림푸스의 신들에게 바치던 제사였다면, 콜로세움에서 열린 대부분의 경기들은 로마의 대중들을 위한 제의였다는 사실이다. 스포츠는 올림푸스에서 저잣거리로 내려왔고, 축제(祝祭)는 축전(祝典)으로 이름을 바꾸었다.

스파르타쿠스

그리스가 예술과 철학을 발전시켰다면 로마는 건축과 토목 분야에서 실력을 발휘했다. 콘크리트를 사용해 건물을 짓고 고속도로를 냈으며, 터널을 뚫고 수로와 상하수도를 만들었다. 콜로세움은 고대 세계에 첨단을 자랑한 로마 건축기술의 결정판이라고 할 수 있다. 리드미컬하게 이어지는 아치를 1층은 토스카나 양식, 2층은 이오니아 양식, 3층은 코린트 양식의 둥근 기둥으로 떠받든 구조는 '건축은 얼어붙은 음악'이라는 요한 볼프강 폰 괴테(Johann Wolfgang von Goethe)의 선언을 체감하게 한다. 로마에 가서 콜로세움을 마주하는 사람은 대개 이 거대하고도 유려한 구조물의 선율에 도취되고 마침내 압도되고 만다.

콜로세움과 같은 대규모 원형경기장이 로마에만 건설되지는 않았다. 로마는 지중해를 호수로 만들어버린 세계제국이었다. 프랑스의 님(Nimes)과 아를르(Arles), 유대 땅 예루살렘에도 원형 경기장이 있었다. 예루살렘의 원형 경기장은 유다의 왕 헤로데(Herodes)가 건설했다고 한다. 그러나 오직 로마에 있는 원형경기장만이 콜로세움이다. 콜로세움이란 명칭은 경기장 앞에 세운 네로 황제의 거대한 동상 '콜로소(Colosso)'에서 비롯됐다. 콜로소는 '거대하다'는 뜻의 라틴어 콜로수스(Colossus)에서 나왔다.

콜로세움은 기본적으로 투기(鬪技) 경기장이었다. 콜로세움이 완공되었을 때, 기념 삼아 100일에 걸쳐 투기 경기가 열렸다고 한다. 우리는 콜로세움과 더불어 죽을 때까지 싸우는 검투사들의 결투(황제의 엄지손가락이 하늘을 향하는지, 땅을 향하는지에 따라 패자의 목숨이 오가는 잔인한 장면을 포함해서)와 맹수들 사이의, 또는 맹수와 인간의 잔혹한 싸움을 떠올리고 무고한 기독교도들이 굶주린 맹수의 밥이 되어 수없이 순교했다는 일화들을 떠올린다. 이 일화들은 상당 부분 사실에 기초했기에, 결코 부정할 수는 없다.

로마인들이 고안한 흥미로운 오락은 동물이 등장하는 서커스였다. 이 동물 서커스가 얼마나 재미가 있었던지, 『영웅전(Vitae parallelae)』을 쓴 플루타르코스(Ploútarkhos)도 콜로세움에서 벌어진 동물 서커스를 기록했을 정도다. 그는 "동물들이 영특하다"고 감탄했다. 사람들이 동물 위로 올라가 춤을 추거나 체조를 하고 동물들도 조련을 받아 여러 종류의 공연을 했다. 표범과 영양이 함께 수레를 *끄*는가 하면 곰이 탄 가마를 코끼리 네 마리가 등에 졌다. 소(小) 플리니우스(Gaius Plinius Caecilius Secundus)는 마구(馬具)를 단 표범이 전차를 끌고 잘 훈련된 코끼리가 황제가 보는 앞에서 경기장에 무릎을 꿇고 코로 모래땅에 라틴어를 쓰는 등 묘기를 보이자 관중들이 열광했다는 기록을 남겼다.

조련된 동물의 재롱은 시간이 갈수록 심드렁해졌다. 로마 시민들은 더 화끈한 이벤트를 원했다. 동물끼리의 싸움조차 인기를 잃자 인간과 동물(사자를 비롯한 맹수)의 대결이 유행했다. 사람은 대개 갑옷을 입지 않고 방패와 단검만 가지고 싸웠다. 대개의 경우 사람이 승리했다. 이 기록은 특출한 능력을 가진 사람이 전문적인 훈련을 거쳐 경기에 나갔다는 사실을 짐작하게 한다. 사자와 싸우는 데 이길 자신이

영화 〈스파르타쿠스〉 포스터

없다면 누구도 출전하지 않았을 것이다. 사자가 이기는 경우는 대개 '사고'였을 것이다.

콜로세움을 수놓은 슈퍼스타는 뭐니 뭐니 해도 검투사들이었다. '스파르타쿠스(Spartacus)'도 검투사였다. 스파르타쿠스에 대한 기록

은 많지만 일치하지 않는 부분도 적지 않다. 그러나 스파르타쿠스가 트라키아(Thracia) 출신이라는 점은 거의 대부분의 문헌에서 일치한다. 트라키아는 지금의 불가리아가 자리 잡고 있는 발칸반도 동부 일원에 걸쳐 있는 지방이다. 스파르타쿠스가 트라키아의 왕족 또는 귀족이었다는 주장도 있다. 스파르타쿠스라는 이름을 트라키아 왕족 이름에서 찾아볼 수 있기 때문이다. 검투사 가운데는 고귀한 가문의 후예가 적지 않았다고 하는데, 귀족 출신의 노예나 귀족의 후손을 뜻하는 것 같다.

스탠리 큐브릭(Stanley Kubrick)이 1960년에 감독한 영화, <스팔타카스>는 바로 스파르타쿠스의 이야기를 소재로 삼았다. 이 영화에서 스파르타쿠스는 대대로 광산에서 일하던 노예 집안 출신으로 검투사로 발탁된 인물이다. 그러나 기록에 따르면 스파르타쿠스는 로마군에서 복무하다 탈영한 대가로 노예가 되었고, 무예가 뛰어난 점이 눈에 띄어 검투사가 되었다. 플루타르코스는 스파르타쿠스가 다른 노예와 달리 유식했으며, 냉철하고 신중했다고 기록했다.

놀이인간, 스파르타쿠스

여기저기 허물어지고 훼손된 콜로세움에는 시간의 흔적이 역력하다. 그러나 전성기의 콜로세움은 첨단 시설을 자랑하는 스타디움으로서 로마의 랜드마크 가운데 하나였다. 경기장에는 빙 둘러 천막 지붕을 쳤는데, 벨라리움(Velarium)이라고 한다. 벨라리움으로 지붕을 가린 콜로세움은 현대의 스포츠 경기장인 독일 레버쿠젠의 바이아레나(Bayarena)나 베를린의 올림피아슈타디온(Olympiastadion)과 흡사했을 것이다. 스파르타쿠스도 여기서 검투사 경기를 해야할 운명이었다. 그러나 스파르타쿠스가 역사에 길이 남게 된 이유는 무적의 검투사였기 때문이 아니다.

현대를 사는 우리의 생각에 '콜로세움+검투사=죽음'이다. 그러나 로마에 남아 있는 한 검투사의 낙서 중에 "스무 번 싸워 여섯 번 졌다"는 내용이 있다. 세상에 여섯 번 죽은 사람은 없다. 검투사의 목숨은 우리가 생각하는 것처럼, 또는 미국에서 만든 섹스+폭력 드라마 연작에서처럼 파리 목숨이 아니었다. 일류 검투사를 만들려면 잘 먹이고 건강을 챙겨가며 오래 훈련시켜야 했다. 여기 들어가는 비용이 적지 않았고, 로마의 시민들을 열광시킬 정도로 수준 높은 검투사도 많지 않았다. 사망자 중 상당수가 경기를 하다 사고를 당하거나 반칙을 한 대가로 죽음을 선고받았다. 경기에 진 검투사가 사망한 경우는 10% 안팎으로 추정된다. 물론 스포츠에서 사망률 10%는 낮지 않다.

검투사들은 오늘날의 종합격투기 선수와 다름없는 존재였다. 도박의 대상이기도 했다. 뛰어난 검투사는 무하마드 알리(Muhammad Ali) 같은 스타였고 로마인들에게 인기 있는 직업이었다는 주장도 있다. 어떤 노예는 검투사로 성공해 큰돈을 벌고 은퇴해 풍요로운 생활을 즐기는 주인을 부러워하는 낙서를 남겼다. 79년 8월 24일 베수비오 화산의 폭발로 사라져버린 폼페이에 남은 건물 벽에는 트라키아 출신의 검투사 셀라두스(Celadus)를 일컬어 '여인의 한숨과 영광(suspirum et decus puellarum)'이라고 표현한 낙서가 선명하다. 부둥켜안은 채 화산재에 묻혀 함께 죽음을 맞은 검투사 복장을 한 남성과 보석을 주렁주렁 단 여성은 현대인의 상상력을 자극했다. 물론 남성은 검투사가 아니고, 여성은 귀부인이 아니었

을 수도 있다. 스파르타쿠스도 매우 뛰어난 검투사로서 부와 명성
을 누릴 기회가 있었으리라. 그러나 그는 안락한 노후생활이나 화
끈한 로마 여인들과의 로맨스에는 관심이 없었다.

드니 푸아이아티에가 1830년에 제작한 〈스파르타쿠스〉

기원전 73년 봄, 스파르타쿠스는 검투사 양성소를 탈출했다. 동
료 검투사 70여 명이 그를 따랐다. 무리는 해발 1,200m가 넘는
베수비오 산으로 숨어들었다. 산 아래 폼페이가 굽어보였을 것이

다. 이 도시에도 원형경기장과 검투사 노예들이 있었다. 스파르타 쿠스의 탈출 소식을 들은 검투사들과 도망친 노예들, 귀족들에게 토지를 빼앗겨 갈 곳 잃은 사람들이 하나둘 베수비오 산으로 몰려 들었다. 무리는 순식간에 수천으로 불었고 스파르타쿠스는 그들의 지도자가 되었다. 로마에서 군인 3,000명을 동원해 스파르타쿠스 의 무리를 잡아들이려 했지만 단숨에 격퇴해버렸다. 이후 스파르 타쿠스 무리는 로마 군과의 전투에서 여러 차례 승리하며 알프스 산맥의 입구, 무티나(Mutina, 현대의 모데나)까지 진출했다. 거기서 가 이우스 카시우스(Gaius Cassius)가 이끄는 로마의 정예군과 격돌했다. 여기서도 스파르타쿠스의 무리가 이겼다. 이제 알프스만 넘으면 고향으로 돌아갈 수 있었다. 그러나 스파르타쿠스는 남쪽을 향해 돌아섰다.

스파르타쿠스의 행동은 두 가지 해석을 낳았다. 누군가는 노예 상태를 거부하고 인간 해방을 꿈꾼 혁명 운동의 선구자를 본다. 또한 누군가는 승리와 약탈의 달콤함, 호화로운 로마의 삶을 동경 하며 미개한 고향으로 돌아갈 수 없었던 개인을 본다. 스파르타쿠 스는 시칠리아 섬이 바라보이는 이탈리아 반도의 남쪽 끝까지 내 려갔다. 거기서 배를 빌려 바다를 건너려고 해적들과 협상했으나 배신당했다고 한다. 그의 무리는 마르쿠스 크라수스(Marcus Crassus) 가 이끄는 로마군의 압박에 차츰 밀리며 다시 북상했다.

사라진 스파르타쿠스 로마 멸망을 예언하다

기원전 71년 봄, 시칠리아를 등지고 북쪽을 향한 스파르타쿠스
의 무리를 크라수스가 이끄는 로마의 대군이 벽처럼 막아섰다. 스
파르타쿠스는 정면 돌파를 시도했으나 수많은 사상자를 내고 물
러섰다. 그는 이 전투에서 붙잡은 로마군 포로들을 십자가에 매달
아 로마군 쪽에서나 자신의 무리 쪽에서나 잘 볼 수 있는 곳에 세
웠다. 메시지는 분명했다. 자신의 무리에게는 로마군과의 전투에
서 질 경우 치러야 할 대가가 무엇인지 보여주었다. 로마군을 향
해서는 결코 항복하지 않겠다는 의지를 드러내보였다. 크라수스는
스파르타쿠스의 돌격을 저지하고서도 본격적인 공세를 퍼붓는 대
신 포위를 굳히고 기다렸다. 스파르타쿠스의 무리에 결단의 시간
이 다가오고 있었다.

콘스탄티누스 11세

솔라리스 강은 장화처럼 생긴 이탈리아 반도의 발목 부분을 띠처럼 감싸며 서쪽으로 흘러 티레니아 해(海)와 만난다. 루카니아 주의 서북쪽, 캄파니아 주로 넘어가는 경계에 있다. 스파르타쿠스는 여기서 크라수스가 이끄는 로마군과 마지막 결전을 한다. 그는 말을 끌어다 자신을 따르는 무리들 앞에서 죽였다. 그리고 말했다. "우리가 이기면 로마군의 말이 있을 테니 말이 필요 없을 것이고,

져도 말은 필요 없을 것이다."

전투는 치열했고, 결국에는 로마군이 이겼다. 로마군은 스파르타쿠스가 로마군을 무찌르고 빼앗은 독수리 깃발 다섯 개와 군단기(軍團旗) 스물여섯 개를 탈환했다. 스파르타쿠스는 자신의 무리 맨 앞에서 로마군을 향해 뛰어들었다. 로마군이 던진 창이 무릎을 관통했으나 그는 끝까지 무릎을 꿇지 않았다고 한다. 크라수스는 사로잡은 스파르타쿠스의 무리 6,000명을 반란의 진원지인 카푸아로 끌고 갔다. 그리고 그들을 십자가에 매달아 카푸아에서 로마로 이어지는 아피아 가도(Via Appia)를 따라 세워 놓았다. 시체들이 3개월 동안이나 십자가에 매달려 있었다고 한다. 그러나 크라수스는 스파르타쿠스를 매달지 못했다. 스파르타쿠스는 포로들 가운데 없었다. 잡혀온 노예들에게 스파르타쿠스가 어디 있느냐고 물었지만 누구도 입을 열지 않았다. 역사와 달리 스탠리 큐브릭의 영화 속에서는 스파르타쿠스가 생포돼 십자가에 매달린다. 1960년에 제작된 이 영화에서는 20세기 최강국 미국의 제국주의가 작동한다. 스파르타쿠스는 오사마 빈 라덴(Osama Bin Laden) 아니면 사담 후세인(Saddam Hussein)이다.

결코 이길 수 없는 막강한 상대를 맞아 벌이는 최후 결전과 장렬한 산화, 그리고 사라져버린 시신. 스파르타쿠스는 1453년 5월 29일 오스만 제국의 술탄 메흐메드 2세(Mehmet II)가 이끄는 대군에 맞서 장렬한 최후를 마친 동로마 제국의 마지막 황제 콘스탄티누스 11세(Kōnstantinos XI)를 떠올리게 한다. 동로마 제국의 심장 콘스탄티노플(Konstantinoúpolis)은 57일에 걸친 포위 공격을 견디다 못해 함락되었다. 콘스탄티누스 11세는 물밀듯 밀려드는 오스만의 대군을 앞에 두고 주위를 살핀 다음 "내 심장에 창을 꽂을 기독교도가 한명도 없는가?"하고 탄식하곤 칼을 빼어 들고 말을 달려 적의 무리 속으로 달려 들어갔다. 황제와 그를 따른 두 명의 기사는 흘러내리는 용암에 휩쓸린 덤불처럼 이내 흔적 없이 사라졌다.

술탄 메흐메드 2세는 동로마 황제의 시신을 찾지 못했다. 콘스탄티누스 11세는 적군을 향해 달려들기 전에 자신의 몸에 붙은 황제의 표식을 모조리 떼어버렸기 때문이다. 더구나 황제로 추정되는 시신은 오스만 병사의 창검에 산적처럼 다져져 신분을 가릴 방법이 없었다. 병사들은 황금색 부츠를 신은 시신을 찾아내 그가 황제였으리라 짐작하고 목을 베어서 매달았다. 이런 이유로 오스만 제국의 지배를 받던 시절 그리스 사람들 사이에는 언젠가 콘스탄티누스 11세 황제가 살아 돌아와 독립을 되찾아 줄 것이라는 전승이 있었다고 한다. 스파르타쿠스의 사라져버린 시신 또한 신화가 되었다. 1985년부터 2000년까지 케임브리지대학에서 고대사를 강의한 키스 홉킨스(Morris Keith Hopkins) 교수는 스파르타쿠스의 의미를 다음과 같이 요약했다.

"스파르타쿠스는 노예와 검투사, 농민의 지도자로서 야만의 힘을 상징했다. 또한 장차 로마에 닥칠 일을 경고하는 존재였다. 정복한 자에게 정복당하리라는."

8세기를 살다 간 수도자 베다(Beda)는 "콜로세움이 서 있는 한 로마도 서 있으리라. 콜로세움이 무너지는 날에는 로마도 멸망하리라. 로마가 멸망하는 날에는 이 세상도 멸망하리라" 하고 예언하였다. 그러나 비판적인 역사학자들은 로마가 콜로세움을 건설할 때 로마는 이미 무너지기 시작했다고 평가한다. 끊임없이 적과 싸우며 영토를 확장한 정복 국가 로마는 전쟁에서 승리해 물자가 풍부해지고 노예가 쏟아져 들어오자 노동의 신성함을 잊고 타락하였다. 전장을 진동시키던 병사들의 함성이 콜로세움에서 검투사를 응원하는 아우성으로 바뀌었을 때, 로마의 정신은 사라지고 없었다. "로마는 게르만 인이나 한니발(Hannibal)이 아니라 자신의 힘 때문에 무너지리라"던 풍자시인 호라티우스(Quintus Horatius Flaccus)의 예언은 현실이 되었다. 물론 그의 예언은 정치적이다. 기원전 1세기에 로마의 식민지 확장은 한계에 이르렀고 정치적으로는 카이사르(Gaius Iulius Caesar)의 독재를 거쳐 공화정이 폐기되고 제정(帝政)이 시작됐다. 호라티우스는 로마 민주주의의 몰락을 비판한 것이다.

로마의 휴일

영화 <로마의 휴일(Roman Holiday)>에 콜로세움이 등장한다. 오
드리 헵번(Audrey Hepburn · 앤 공주 역)과 그레고리 펙(Gregory Peck · 조
브래들리 기자 역)이 주연했다. 브래들리 기자가 스쿠터 뒤에 공주를
태우고 달려간 곳이 콜로세움이다. 관광객이면 누구나 들러 보는
로마의 랜드 마크지만, 사실 콜로세움의 본질은 폐허다. 영화의
주인공 두 사람이 콜로세움 안으로 들어가 굽어보는 풍경도 심하
게 훼손된 고대 경기장의 모습 그대로다.

콜로세움이 훼손된 가장 큰 원인은 여러 차례에 걸친 지진이었
다. 특히 1349년에 로마를 덮친 대지진은 콜로세움 남쪽 외벽을
무너뜨렸다. 이때 콜로세움에서 떨어진 돌덩이들은 상당수가 궁궐
과 교회를 새로 짓는 데 사용됐다고 한다. 중세의 귀족들은 물론

서민들도 콜로세움의 돌을 가져다 집을
짓는 데 사용했다. 콜로세움 외벽 곳곳
에 깊이 팬 흔적은 대부분 옛 로마의 사
람들이 석재를 떼어 간 흔적이다.

콜로세움은 여러 차례 시련과 위기를
견뎌냈다. 6세기에는 콜로세움 안에 교
회와 공동묘지가 들어찼다. 입구 쪽에는
12세기 초까지 가게와 주택이 즐비했다.
13세기에는 프랑기파니(Frangipani) 가문이
콜로세움을 성(城)으로 사용했다. 16세기

영화 〈로마의 휴일〉 포스터

에는 교황 식스투스 5세(Sixtus PP. V)가 매춘부들을 취직시켜 생계
를 보장하고 로마를 타락에서 구하겠다며 콜로세움 안에 모직공
장을 세우려 했다. 이 계획은 교황의 선종으로 실행되지 않았다.

콜로세움의 기구한 운명은 오세훈(吳世勳) 전 시장이 헐어버린
동대문운동장을 떠올리게 한다. 동대문운동장은 비록 일제강점기
에 지은 스포츠 시설이지만 아무 생각 없이 '때려 지은' 스포츠
시설이 아니다. 풍수 이론과 현실적 고려가 작용했다. 조선의 도
성인 한양의 '좌청룡(左靑龍)'인 낙산(駱山)의 지기(地氣)가 약하기에
동쪽 대문은 사대문 가운데 유일하게 넉 자로 된 현판(흥인지문; 興
仁之門)을 걸었다. 청계천을 준설하여 얻은 흙으로 언덕을 높이 쌓

았으니 곧 성동원두(城東原頭)다. 또한 군사들을 선발하고 훈련하는 훈련원을 두어 젊은이의 기(氣)가 배도록 했다.

그러므로 동대문운동장 일대는 한 시대의 염원과 정성을 모은 역사의 현장이다. 동대문운동장의 최후는 우리 시대의 경솔함을 증명하는 사례로 남을지 모른다. 흔히 정치꾼이나 장사치들은 목적을 달성하기 위해 거짓말도 서슴지 않는다. 동대문운동장 신세가 될 뻔하다가 간신히 목숨을 부지한 서울시청 건물이 대표적인 사례다. 오세훈 시장 시절, 서울시는 구구한 이유를 들어 새 청사를 지어야 할 필요성을 역설했다. 그 중에는 '일제 잔재'인 시청 건물의 모양이 근본 본(本)자를 본뜬 것으로, 북악산이 큰 대(大)요 조선총독부가 날일(日)자이니 합쳐서 '대일본'을 뜻하는 치욕적인 콘셉트를 숨겼다는 주장도 있었다.

그러나 이 같은 주장이 거짓이라는 사실은 『조선과 건축』이라는 잡지의 1926년 10월호가 증명한다. 여기에는 서울시청(당시에는 경성부청; 京城府廳)을 설계한 조선총독부 내무국 건축과 기사 사사케이이치(笹慶一)가 쓴 「경성부청건축의 대요와 그 특징」이라는 글이 실렸다. 그는 여기에서 "궁형(弓形)의 외곽(外廓)에 소탑(小塔)을 얹은" 설계 개념을 설명하였다. 활 모양으로 '디자인'했다는 뜻이다. 서울시청 건물은 지금 서울도서관으로 쓰임을 바꾸었지만 외양의 일부나마 보존한 것은 천운이다. 일제 잔재에 대한 역사·문화적 평가나 인식은 세대를 건너뛰는 숙제다. 그 해답을 적어내는 일은 여러 세대의 합의를 거친 뒤에 해도 늦지 않다.

콜로세움의 운명은 1740년 8월 17일에 즉위한 교황 베네딕토 14세(Benedictus PP. XIV) 때 확 바뀐다. 교황은 수많은 기독교도들이 순교한 콜로세움을 성지로 만들겠다고 선언했다. 콜로세움에서 석재를 떼어내지 못하도록 했고 그 안에서 농사를 짓지 못하게 했다. 그 뒤로 역대 교황들은 콜로세움을 꾸준히 보수했다. 1807년과 1827년에 콜로세움 정면을 보강했고 1831년과 1846년에는 내부를 보수했다. 로마 시는 1993~2000년 공사비 1930만 달러(약 204억2000만 원)를 들여 대규모 보강 공사를 했다. 이런 노력에도 불구하고 콜로세움은 로마의 악명 높은 매연과 시간의 무게를 이기지 못하고 이곳저곳 무너져 내리고 있다.

에드워드 기번

에드워드 기번(Edward Gibbon)이 쓴 『로마제국쇠망사』는 트라야
누스 황제(Marcus Ulpius Nerva Traianus) 시대로부터 서로마제국의 멸
망, 동로마제국의 건설과 멸망까지 2세기에서 1453년에 이르는
약 1,300년간의 역사를 기술한 책이다. 영국 런던에서 태어난 기
번은 1763년에 유럽 대륙 여행을 시작했는데, 로마에 들러 카피톨
리움(Capitolium)의 폐허를 답사한 뒤 이 책을 쓰기로 결심했다.

흔히 로마는 팔라티노(Palatino), 카피톨리노(Capitolino), 아벤티노
(Aventino), 첼리오(Celio), 에스퀼리노(Esquilino), 비미날레(Viminale), 퀴리
날레(Quirinale)라는 일곱 언덕을 중심으로 발전했다고 한다. 이 중
고대 로마의 역사를 가장 많이 간직한 곳은 '팔라티노 언덕'이다.
로마의 전성기를 보여주는 공간으로, 여러 황제의 개선문, 신들에

게 바친 신전, 공회당과 원로원, 감옥 등과 같은 제국의 인프라가 집약됐다. 카피톨리노 언덕은 일곱 언덕 가운데 가장 작지만 신성한 지역으로 로마의 중심지다. 로물루스(Romulus) 형제가 기원전 753년 이곳에서 로마를 세웠다고 한다. 오늘날 로마 시청 본관이 이 언덕에 있다.

카피톨리움은 원래 로마의 카피톨리노 언덕을 가리켰지만 그곳에 있었던 유피테르* 신전을 가리키는 경우도 있다. 카피톨리움은 카푸트 올리(Caput Oli)에서 나온 말로 카푸트는 '머리'라는 뜻이다. 공화정 이전의 마지막 왕인 타르퀴니우스 수페르부스(Lucius Tarquinius Superbus)가 유피테르 신전을 세울 때 땅속에서 나온 해골을 올리우스라는 사람의 것으로 여겨 '올리우스의 머리'라고 부른 것이다. 카피톨리움은 또한 제국의 머리로서, 영어의 캐피털(Capital)이 여기에서 나온 말이다.

기번은 1776년 『로마제국쇠망사』 첫 권을 냈고, 1788년까지 모두 여섯 권을 썼다. 이 책은 역사 뿐 아니라 정치 · 경제 · 문화 등 거의 모든 부문에 걸쳐 유럽 지식 사회에 영향을 미쳤다. 윈스턴 처칠은 『회고록』을 쓸 때 『로마제국쇠망사』로부터 영감을 받았다고 한다. 시오노 나나미는 『로마제국쇠망사』에 대한 반감이 『로마인이야기』를 쓴 동기 가운데 하나라고 했다. 그녀가 기번에 대해

* 유피테르(Iuppiter 또는 Iupiter)는 로마 신화의 최고 신으로서 그리스 신화의 제우스에 해당한다. 영어로는 주피터(Jupiter)로 표기한다.

뭐라고 하든, 기번의 책은 나나미가 이르지 못한 지적 사유의 깊이, 정교한 기술 체계와 문학적 향기까지 더해 수많은 소설과 영화, 드라마에 영감을 제공했고 현대에 이르러서도 로마사 연구를 위한 기초 자료로서 여전히 강한 영향력을 행사하고 있다.

에드워드 기번

기번은 『로마제국쇠망사』에서 로마 멸망의 원인 다섯 가지를 제시했다. 첫째 이혼의 급속한 증가로 인한 가정 파괴, 둘째 과다한 세금 부담과 지나친 소비 풍조, 셋째 쾌락에의 욕구 증가와 스포츠의 야만 잔혹화, 넷째 군비를 확장했으나 내부의 적을 방치, 다섯째 종교의 타락과 쇠퇴 등이다. 이 가운데 셋째 원인으로 지목된 쾌락에의 탐닉과 스포츠의 잔혹화는 타락하고 나약해진 로마인들의 내면세계로부터 제국의 뿌리가 썩어 들어가고 있었음을 지적하고 있다.

로마는 지중해 세계 최강의 중무장 보병으로 에트루리아와 카르타고, 갈리아와 게르마니아 등 강적들을 차례로 제압하고 제국을 건설했다. 병사는 로마의 시민이었고, 이들은 로마인으로서 자부심에 충만했다. 나나미는 한니발의 선제공격으로 시작된 제2차 포에니 전쟁 초반의 대규모 전투인 '트라시메누스 호반(湖畔)의 전투'*와 '칸나에 회전(會戰)'**에서 패한 로마군이 전멸에 가까운 피해를 당한 이유로 적에게 등을 보이는 행위를 불명예로 생각한 로마인들의 정신을 들었다.

로마 건국 초기부터 지중해의 강국으로 성장하는 과정에서 로마의 청소년들은 체력단련을 위해 활발히 체육활동을 했고, 이는 대부분의 고대국가에서 그러했듯이 강인한 병사를 길러내는 과정과 다름없었다. 로마의 체육활동은 레슬링, 권투, 달리기, 뜀뛰기, 수영, 마술(馬術), 검술, 창술, 말타기 등이었다. 이 과정을 통하여 신을 숭배하고 부모를 공경하며 성실하고 인내심 강한 로마의 시민으로 성장하였다.

건실했던 로마의 체육은 강대국으로 성장해 당시로서는 세계의 대부분으로 인식된 유럽과 북아프리카, 중근동을 제패한 이후 쇠퇴하였다. 후기 로마의 체육은 직업군인이나 직업 경기자만 하는 운동이 되어버렸다. 즉, '하는 스포츠'는 멸종되고 '보는 스포츠'만 남은 것이다. 콜로세움에서 벌어진 검투사 경기는 로마 스포츠의 타락을 고스란히 보여준다. 목숨이 오가는 살벌한 전투가 로마 시민들의 여가를 채우는 구경거리로 전락한 것이다.

---

* Proelium apud Trasimenum Lacum. 로마 본토에서 벌어진 제2차 포에니 전쟁 중 세 번째 전투. 기원전 217년 4월 트라시메누스 호수에서 한니발의 카르타고군과 가이우스 플라미니우스가 이끄는 로마군이 벌인 전투다. 한니발의 매복 공격으로 로마군 1만7,000명이 전사하거나 호수에 빠져 익사했고 8,000명이 포로로 잡혔다.
** Proelium Cannense. 기원전 216년에 이탈리아 중부 칸나에 평원에서 로마군과 카르타고군 사이에 벌어진 전투. 로마군은 한니발의 포위전술에 말려 5만~7만 명이 전사하고 1만1000명이 포로로 잡혔다. 로마는 이 전투에서 패한 뒤 한니발 군과의 정면대결을 피하고 지구전 전략으로 전환했다.

콤모두스 황제의 자가용 콜로세움

2013년 8월 14일, 영국의 『데일리 메일(Daily Mail)』과 미국의 『디스커버리 뉴스(Discovery News)』 등 외신은 로마의 남동쪽 젠차노 지역에서 작은 콜로세움이 발견되었다고 보도했다. 보도에 따르면, 미국 몽클레어 주립대 연구팀이 1,300여 명을 수용할 수 있는 '개인 미니어처 콜로세움(personal miniature Colosseum)'을 발굴했다고 발표했다. 작은 콜로세움이 발견된 지역은 로마 근교의, 네미 호수가 내려다보이는 곳이다. 작은 콜로세움은 2세기쯤 건축되었을 것으로 추정됐다. 크기는 가로 약 61m, 세로 약 40m이다. 대학에서 파견된 고고학자들은 "계란형의 넓은 지역과 휘어진 벽들 및 바닥들이 대리석으로 만들어진 점을 고려할 때 이곳은 스스로를 '로마의 헤라클레스'라고 지칭했던 황제가 야수들을 죽이는 장소로 사용했을 것으로 보인다"고 했다.

스스로를 로마의 헤라클레스라고 지칭한 황제라면 오직 한 사람, 콤모두스(Commodus)뿐이다. 네로와 더불어 못된 황제의 대명사다. 실정(失政)으로 로마 제국의 몰락을 초래한 인물로 손꼽힌다. 에드워드 기번은 『로마제국쇠망사』를 콤모두스의 이야기로 시작했다. 시오노 나나미도 『로마인 이야기』 11권, 「종말의 시작」에서 콤모두스 때부터 로마에 망조가 들기 시작했다고 썼다. 슬쩍 마르쿠스 아우렐리우스(Marcus Aurelius) 황제를 글머리에 내세우긴 했지만. 러셀 크로(Russell Crowe)가 주연한 영화 <글래디에이터(Gladiator · 2000)>에서 호아킨 피닉스(Joaquin Phoenix)가 맡은 역할이 콤모두스인데, 역사서 속에 등장하는 콤모두스는 영화가 표현한 것보다 훨씬 더 저질에다가 악당이고 허풍쟁이다.

로마에 가면 박물관 몇 곳에서 콤모두스의 대리석 전신상이나 반신상을 볼 수 있다. 바티칸 박물관에는 창을 든 콤모두스의 전신상이 있고 카피톨리네 박물관에는 반신상이 있다. 카피톨리네 박물관에 있는 반신상은 하도 기이하고도 강렬한 인상을 주어서, 한 번 보고 나면 결코 콤모두스의 이름을 잊을 수 없게 된다. 카피톨리네의 콤모두스는 사자 가죽을 뒤집어쓰고 있다. 그 아가리로 얼굴을 내밀어 사자 머리를 투구처럼 썼다. 오른손에는 울퉁불퉁한 몽둥이를 한 자루 들고 있다. 이 행색은 헤라클레스의 전형

콤모두스

적인 이미지다. (헤라클레스가 나왔으니, 이야기가 길어지겠다!)

헤라클레스는 그리스 신화에 등장하는 숱한 영웅들 가운데 최고 스타지만 팔자는 기구하기 짝이 없다. 태생부터가 성범죄로 얼룩졌다. 올림푸스의 신 제우스가 미케네의 공주 알크메네(Alcmene)를 건드려 낳은 아이가 헤라클레스다. 제우스는 호색한 신이다. 그의 엽색행각을 따라갈 올림푸스의 신은 결코 없다. 인간계라면 저 까마득한 옛날에 후진국을 통치한 독재자쯤 돼야 흉내라도 냈을 것이다. 제우스는 일단 마음에 드는 여성을 발견하면 상대가 신이건 인간이건 수단 방법을 가리지 않는다. 황금 비[雨]로 둔갑해 아르고스의 공주 다나에(Danae)에게 페르세우스(Perseus)를 배게 했고, 백조로 둔갑해 스파르타의 왕비 레다(Leda)를 임신시켰다. 레다가 낳은 네 쌍둥이 중 하나가 헬레네다. 스파르타의 왕 메넬라오스의 아내가 됐다가 트로이의 왕자 파리스와 눈이 맞아 야반도주하는 바람에 트로이를 망하게 한 전쟁에 불을 댕긴 바로 그 미녀이다. 제우스의 테크닉이 다양하다고는 해도, 알크메네를 차지할 때는 아주 치사한 방법을 사용했다. 알크메네의 남편 암피트리온(Amphitryon)이 전쟁에 나간 사이 그의 모습으로 변해 알크메네를 속인 것이다. 제우스는 인간을 통해 신이 아닌 영웅을 낳고 싶어 했다. 천하무적의 영웅을 낳겠답시고 밤의 길이를 세 배나 길게 만들었다. 제우스야 신이니까 상관없었겠지만 알크메네가 불쌍하다. 헤라클레스의 이름은 태어나기도 전에 제우스가 지었다. 뻔뻔스럽게도 '헤라의 영광'이라는 뜻이다.

제우스가 욕심을 채운 결과로 세상에 나온 소생치고 행복한 경우는 없다. 제우스의 아내 헤라가 곱게 놔두지 않았다. 헤라클레스도 예외는 아니다. 헤라 때문에 죽을 고비를 여러 번 넘긴다. 그 유명한 '12과업'도 헤라 때문에 안 해도 될 고생을 한 것이다. 최근 개봉한 영화 <헤라클레스>에서는 암피트리온이 자신의 소생이 아닌 헤라클레스를 차별하고 냉대한다. 하지만 실제로는 뻐꾸기 알을 지성으로 돌보는 뱁새처럼 헤라클레스를 공들여 길렀다. 그에게서 무예와 음악을 배워 훌륭한 젊은이로 성장한 헤라클레스는 테베 남쪽에 있는 키타이론 산에 사는 사자를 때려잡았다. 그 가죽을 걸치고, 입을 벌린 사자 대가리를 투구로 사용했다. 콤모두스는 그 흉내를 낸 것이다.

헤라클레스,
먼 동방에 귀화해 금강역사가 되다

사자를 자신의 이미지로 삼고자 한 제왕은 콤모두스 뿐이 아니다. 콤모두스와는 비교할 수도 없을 만큼 인류사에 큰 영향을 미친 마케도니아의 알렉산드로스 왕은 헤라클레스를 가문의 시조로 떠받들었다. (그런데 아킬레우스의 직계 후손이라고 주장한 적도 있으니 족보가 어떻게 풀렸는지는 정확하게 알기 어렵다. 헤라클레스의 아버지는 제우스이고 어머니는 인간인 알크메네, 아킬레우스의 아버지는 인간인 펠레우스이고 어머니는 바다의 여신 테티스였는데 말이다)

그는 전쟁을 할 때 사자 머리 모양으로 장식한 투구를 쓰고 병사들 사이를 누볐다고 한다. 알렉산드로스의 정복전쟁은 대륙을 가로질러 계속되었다. 기원전 327년에는 오늘날 파키스탄의 페샤와르와 아프가니스탄의 잘랄라바드 일대에 해당하는 지역을 점령하기에 이르렀다. 이때 전해진 헬레니즘 문화의 영향으로 그리스 미술과 인도 미술이 혼합되어 간다라(Gandhara) 양식이라고 하는 하이브리드 미술양식이 탄생한다. 특히 인도 쿠샨왕조 카니슈카(Kanishka) 왕 치세에 전성기를 이루었다. 간다라 미술을 대표하는 장르는 불상조각을 포함한 불교예술이다.

간다라미술이 표현한 부처는 그리스의 신인 아폴로나 제우스를 연상시키는 얼굴에 로마의 성인들이 입던 토가와 같은 옷을 걸친 모습이다. 간다라미술은 중국, 중앙아시아는 물론 한반도와 일본까지 영향을 미친다. 그러나 중국을 통과해서 한반도에 들어오는 동안 여러 현지 문화와 융합하면서 토착화 과정을 거친다. 경주 석굴암은 간다라미술의 영향을 보여주는 통일신라기 불교미술의 대표작으로 꼽힌다. 석굴암의 본존불은 석가모니불이라는 설과 아미타불이라는 설, 비로자나불이라는 설이 있으나 최근에는 아미타불로 보는 견해가 일반적이다.

역마살이 낀 그리스 신화 속의 슈퍼스타 헤라클레스는 간다라 미술에서 부처를 호위하는 금강역사(金剛力士)로 변신한다. 헤라클레스가 사자의 이미지를 빌어 금강역사와 몸을 합치고 머나먼 동방까지 모험의 길을 떠나온 것이다. 그래서 이윤기는 『길 위에서

헤라클레스

듣는 그리스 로마 신화』에서 헤라클레스를 '부처님의 보디가드'로 표현했다. 중국 간쑤성 천수현에 있는 맥적산에는 '맥적산 석굴'로 알려진 불교 석굴의 무리가 있다. 1952년에 발견되었다는 이 석굴에서는 놀랍게도 사자(로 추정되는)의 대가리를 투구처럼 눌러 쓰고 눈을 부릅뜬 금강역사를 볼 수 있다.

금강역사에 깃들인 사자, 즉 헤라클레스의 이미지는 한반도에서도 찾아볼 수 있다. 신라 문무왕이 682년 세운 경주 감은사의 서쪽 석탑에서 발견된 청동사각함을 장식한 사천왕상들은 모두 몸에 화려한 갑주를 입었는데 그중 두 구는 배 부분을 사자문양으로 장식했다. 조선시대에 세운 봉은사의 정문에 해당하는 진여문의 사천왕상은 배를 해학적인 모양을 한 사자머리로 장식했고, 어깨 장식에서도 사자가 보인다.

알렉산드로스 정도 되는 인물이라면 자신을 헤라클레스와 동일시하거나 그 자손이라고 허풍을 쳐도 그다지 밉보일 일은 없다. 그는 호메로스가 '걸음이 빠른 영웅'이라고 노래한 아킬레우스만

큼이나 달리기를 잘했다. 그래서 올림피아의 제전에 참가해 달라는 요청을 받고는 "나와 겨룰 만한 왕이 나온다면 참가하겠다"고 큰소리칠 만큼 자신만만했다. 하지만 대제국을 건설한 알렉산드로스와는 달리 물려받은 제국을 말아먹은 황제 콤모두스가 로마의 헤라클레스를 자처했을 때는 모두 비웃거나 개탄하고 일부는 분노했던 모양이다.

콤모두스는 마초 기질이 다분했던 사람이다. 그는 당대 로마의 프로스포츠 스타라고 할 수 있는 검투사의 힘과 인기, 피와 살이 튀는 콜로세움에 흘러넘치는 비장미에 매혹되었을지도 모른다. 그는 검투사 훈련과 경기에 깊이 매료되었으며 스스로 검투사가 되어 경기에 출전하기도 했다. 영화 <글래디에이터>에서도 몸소 콜로세움의 흙바닥에 뛰어들어 검을 휘두르는 콤모두스(호아킨 피닉스)가 등장한다. 영화 속에서 콤모두스는 "내 이름은 막시무스 데리우스 메리디우스 북부군 총사령관이자 펠릭의 장군이었으며 아우렐리우스 황제의 충복이었다. 너희가 태워 죽인 아들의 아버지이자, 능욕 당한 아내의 남편이다. 반드시 복수하겠다. 살아서 안 되면 죽어서라도!"라고 외치는 주인공(러셀 크로)의 손에 죽는다. 그러나 그의 죽음은 영화와는 조금 달랐다.

무적의 검투사 콤모두스

검투사(Gladiator)라는 용어는 로마 병사들이 사용한 무기 글라디우스(Gladius)에서 나온 말이다. 글라디우스는 폭이 넓고 날 끝이 뾰족한 양날 검이다. 검투사는 크게 네 집단으로 구분되었다. 트라키아 식으로 무장한 트라케스(Thraces), 삼니움 식으로 무장한 삼니테(Samnite), 레테(그물)와 삼지창 또는 작살, 단검으로 무장한 레티아리이(Retiarii), 물고기 모양의 투구를 쓰고 로마 병사들이 사용하는 직사각형 방패와 글라디우스를 무기로 사용한 무르밀로(Murmillo) 등이다. 이밖에 세쿠토르(Secutor)와 베스티아리이(Bestiarii)가 있다.

세쿠토르는 레티아리이와 싸우는 경우가 잦아 그들이 휘두르는 그물에 걸리지 않기 위해 장식이 적고 모양이 둥근 투구를 썼다.

무르밀로와 같은 무기를 사용하였다. 베스티아리이는 짐승과 싸우는 검투사다. 검투사 지위에서 가장 낮은 단계였는데 로마의 처형 방식 가운데 하나인 아드 베스티아스(ad bestias)라는 말에서 나온 이름이다. 아드 베스티아스란 '짐승에게로'라는 뜻이다.

트라키아나 삼니움 모두 로마가 많은 희생을 치르고 정복한 민족이다. 검투사들은 모두 로마의 적으로 분장을 하고 경기장에 등장했다. 관중석에서 검투사들의 경기를 지켜보는 로마인들은 적들이 서로 죽이고 죽을 때 슬퍼하거나 동정하지 않았다. 죽는 자도 죽이는 자도 로마의 적이고 야만인이라고 생각했기 때문이다.

로마의 헤라클라스를 자처한 콤모두스는 검투사 놀이에 미친 사나이였다. 검투사들의 숙소에서 검투사와 똑같이 먹고 자며 생활하겠다고 해서 측근들을 곤란하게 만들기도 했다. 그러나 콤모두스가 변변한 힘도 없으면서 헤라클레스 흉내나 낸 팔푼이는 아니었다. 자가용으로 지은 미니 콜로세움에서 검투사 기술을 연마했을 정도로 몰입한 그의 실력은 평범한 수준을 넘어섰다고 한다. 모든 무기를 능숙하게 다루었고 힘도 장사였다고 하는데, 검투사 경기에 출전해서 한 번도 지지 않았다.

물론 출전이 곧 승리였던 그의 검투사 전적은 황제였기 때문에 가능한 기록이었을 것이다. 콤모두스가 휘두른 칼 앞에 쓰러진 상대는 대부분 부상자, 병자, 장애인들이었다. 모두 콤모두스가 신중하게 고른 상대들이었다고 한다. 직업 검투사들을 상대해 승리한 기록도 물론 없지 않다. 콤모두스가 검투사들과 싸운 경기는 모두 상대의 항복으로 승부가 갈렸다. 그러므로 황제의 칼에 희생된 직업 검투사는 한 명도 없다.

검투사를 묘사한 모자이크

하지만 일부 역사가들은 콤모두스의 실력이 녹록하지 않았기 때문에 어지간한 직업 검투사들도 당해내기 어려울 정도였으며, 따라서 그가 받아낸 항복이 반드시 황제였기 때문에 땀도 흘리지 않고 거둔 전리품은 아니라고 보고 있다. 콤모두스가 뛰어난 경기력을 발휘할 때는 검투사와의 일대일 경기가 아니라 베스티아리이로 콜로세움에 등장했을 때였다. 기록에 따르면 하루에 사자 100마리를 때려죽인 적도 있고 코끼리, 기린, 얼룩말 등 수많은 짐승들을 로마 시민들이 보는 앞에서 저승으로 보냈다.

콤모두스는 영화 <글래디에이터>에서처럼 검투사 경기를 하다가 죽지 않았다. 막시무스가 콤모두스의 숨통을 끊어버리는 장면에서 관객들은 모두 카타르시스를 경험할지 모른다. 그러나 콤모두스의 죽음은 영화보다 더 극적이거나 허무하거나 괴기스러웠다. 그는 서기 192년 12월 31일 밤 로마의 황궁 욕실에서 목욕을 하다가 측근의 손에 목 졸려 죽는다. 동서고금을 통틀어 황음무도한 폭군이 측근의 손에 죽는 역사는 끝없이 반복되는 아이러니다.

콤모두스의 암살은 그의 애첩 마르키아와 잠자리를 돌보는 하인 에클렉투스가 모의했다. 에클렉투스가 마르키아와 내연관계였다는 말도 있다. 근위병들이 철저하게 호위하는 데다 검투사 놀이에 빠져 손에서 무기를 놓는 일이 드문 황제를 죽이기 위해 준비를 철저히 했을 것이다. 콤모두스가 욕실에서 더운 물에 몸을 담그고 지그시 눈을 감은 채 음악을 즐기다가 목이 졸린 것 같지 않다. 황제가 독이 든 음식(포도주라는 기록이 있다)을 먹고 욕실에서 구토를 하는 등 괴로워하는 틈에 나르키소스라는 자가 목을 졸랐다는 것이다. 나르키소스는 콤모두스의 레슬링 코치이자 스파링 파트너였다.

보통 사람이라면 완력이 뛰어난 데다 검투사 훈련으로 체력을 다진 콤모두스를 목 졸라 죽이기 어려웠을 것이다. 당시의 레슬링이란 전쟁에 나가면 당장 사용할 수 있는 인명 살상 기술이었다. 그래서 이윤기는 2004년 아테네올림픽을 앞두고 한 일간신문에 기고한 칼럼에서 '올림픽 경기의 태반이 사람 죽이는 기술'이라며 혐오감을 표현하기도 했다.

레슬링에도 필살기가 있다

올림픽이나 아시아경기대회 같은 국제대회에서 레슬링 종목은 늘 주목받는다. 우리나라 선수들이 메달을 많이 따는 종목이기 때문이다. 광복 이후 가장 먼저 세계선수권대회와 올림픽에서 금메달을 따낸 종목도 레슬링이다. 1966년 6월 19일, 동국대 학생 장창선이 미국 톨레도에서 열린 세계레슬링선수권대회 플라이급 자유형에서 우승하였다. 우리나라 모든 경기 종목을 통틀어 첫 세계선수권자였다. (1966년 7월 8일자 경향신문 4면에는 동국대와 레슬링협회가 장창선을 환영하는 행사를 열었으며, 장창선은 동국대 법학과 재학생이라는 기사가 실렸다. 그런데 어찌된 일인지 장창선은 거의 모든 인터넷 인물정보에 한양대 졸업생으로 나온다.) 1976년 8월 1일에는 양정모가 몬트리올올림픽 레슬링 페더급 자유형에서 우승해 광복 이후 첫 올림픽 금메달리스트가 됐다.

　장창선이 세계를 제패했을 때도, 양정모가 올림픽 챔피언이 됐을 때도 서울시청 앞에서 성대한 환영행사가 열렸다. 큰 국제대회가 열릴 때마다 레슬링에는 거의 예외 없이 '한국의 메달밭'이라는 수식어가 붙곤 한다. 그러나 레슬링에 대한 우리의 이해는 그리 깊은 편이 못 된다. 올림픽이 열릴 때 레슬링에 거는 기대를 생각하면 대표선수 선발전이 열리는 체육관이 관중으로 터져 나가야 마땅하다. 그러나 그런 일은 결코 없다. 흔히 '오빠부대'라고 불리는 여학생들은 좋아하는 선수의 운동 종목에 '박사'가 되고 신상을 달달 외워 반 전문가가 된다. 거기 비하면 올림픽 금메달을 기다리는 소위 레슬링 팬들은 거의 날로 먹겠다는 심산이 아닌가 싶을 정도이다. 우리네 보통 사람들 가운데 레슬링 경기에서 어떻게 득점이 이루어지고 승부가 갈리는지 아는 사람은 열에 하나도 못 미칠 것이다. 한때 인기를 끈 '빳떼루 아저씨' 김영준 해설자가 하도 중계방송 중에 "빳떼루를 주야 함다!"라고 외쳐대는 바람에 한동안 우리 시청자들도 이 규칙에 익숙했다. '빳떼루'는 본디 '파테르(parterre)'로서, 레슬링에서 공격에 소극적인 선수를 땅바닥에 엎드리게 하여 상대방에게 공격할 기회를 주는 벌칙이다.

　이윤기가 '사람 죽이는 기술'이라고 혐오한 레슬링이지만, 실제 경기를 보면 '저래 가지고 사람 죽이겠나' 싶다. 상대 선수 뒤로 돌아가 꼼짝 못하게 붙들면 1점을 주고, 한 번에 승부가 갈리는 '폴'도 상대 선수의 양 어깨를 딱 1초만 매트에 눌러 놓으면 된다. 등 뒤에서 안는 '백허그'는 멜로드라마에서 절절한 사랑을 표현하는 몸짓언어(보디랭귀지)다. 가녀린 미녀 주인공을 남성 파트너가 뒤에서 와락 안을 때 목숨이 왔다 갔다 하는 스릴을 느낄 시청자는 없다. 두 어깨가 땅에 닿는 바람에 목숨을 잃는 사례도 흔치 않다. 이윤기가 작가적 상상력을 지나치게 작동시켜서 과장을 한 것인가? 그렇다면 제우스가 아버지 크로노스(Krónos)와 레슬링으로 한판 붙어 이긴 다음 올림푸스의 일인자가 됐다는 신화는 어떻게 읽어야 하나? 평화적인 정권교체?

레슬링

무술의 달인들에게 물으면 흔히 "어떤 무술에든 필살기가 있다"고 대답한다. 검도와 같이 칼로 상대를 베는 무술은 차치하고

라도 타격을 가하는 태권도, 공수도, 태극권, 권투 등과 상대를 힘과 기술로 제압해버리는 레슬링, 유도, 씨름(우리 씨름은 매우 순한 경기를 하지만 러시아의 삼보와 같은 종목은 상대를 해치기 위해 싸우는 게 틀림없다는 느낌을 준다), 주짓수(일본 유도가 브라질로 넘어가 꺾고 조르고 비틀어 상대를 해치는 기술을 극대화한 호신무술로 발달한 종목) 등이 모두 상대를 '한 방'에 끝내버릴 수 있는 필살의 일격을 숨겼다는 것이다. 그러므로 신들의 세계 패권을 놓고 벌인 제우스와 크로노스의 레슬링 한 판도 필시 목숨을 건 싸움이었음에 틀림없다. 어깨가 남달리 넓었다는 아테네의 젊은 철학자도 레슬링을 호신술 삼아 연마했을까? 앞에서도 이야기했듯 그의 원래 이름은 아리스토클레스다. 지금 우리에게 알려진 이름은 젊은이의 넓은 어깨를 보고 감탄한 레슬링 코치가 붙여준 별명, 플라톤이다. 한 마디로 '어깨가 넓은 친구'라는 뜻이다.

헤르메스, 신들의 언어를 해석하다

제우스가 레슬링 경기에서 아버지 크로노스를 이기고 올림푸스의 '짱'이 됐다는 소식은 어떻게 신들의 세계를 넘어 인간 세계에까지 알려졌을까? 그리스 신화 속에는 부자간의 레슬링 경기를 생중계했다거나 관중이 지켜봤다는 기록이 없다. 그래도 아무도 모르게 경기를 했을 리 없고, 경기를 해서 결판이 났다면 누군가 알아야 했기에 필시 보도는 되었을 것이다. '올림푸스 타이틀매치'를 보도한 저널리스트는 누구였을까. 내 지식의 범위 안에서 찾는다면 퍼뜩 셋이 떠오른다.

우선 이리스(Iris). 타우마스와 엘렉트라 사이에서 태어난 딸이다. 신들의 전령사, 심부름꾼 역할을 하는 여신인데 『신통기(Theogonía)』를 쓴 헤시오도스(Hēsíodos)는 이리스가 걸음이 매우 빠르다고 설명했다. 케뤼케이온이라는 지팡이를 들고 다니며 황금 날개를 달았다. 무지개의 신으로, 무지개처럼 천상과 인간 세계의 지상을 연결했다. 무지갯빛을 뜻하는 영어 단어 '이러데슨스(iridescence)'가 이 여신의 이름에서 나왔다.

다음은 트리톤(Triton). 바다의 신 포세이돈과 암피트리테 사이에서 태어난 아들이다. 포세이돈의 전령으로 상반신은 인간, 하반신은 물고기 모습이다. 늘 소라 고동 나팔을 지니고 다니며 이 나팔을 불어 파도를 다스린다. 오직 포세이돈의 전령 노릇만 한다는 점에서 저널리스트로서는 결격사유가 있지만 요즘 우리 언론으로서는 흉볼 입장이 못 된다. 특정인의 나팔수 노릇을 하는 언론인이 없지 않으니까.

마지막으로 헤르메스(Hermes). 제우스와 마이아 사이에서 태어난 아들이다. 나름대로 지체 높은 신인데, 캐릭터는 '잡놈'에 가깝다. 여행자·목동·체육·웅변·도량형·발명·상업·도둑·거짓말쟁이·도박·돈놀이의 신으로, 주된 업무는 신들의 뜻을 인간에게 전하는 역할이다. 그러니까 제우스가 크로노스를 이겼다는 소식을 누군가 인간세계에 전했다면 바로 이 헤르메스일 것이다. 그런데 신의 언어가 인간에게는 너무 어려웠던 모양이다. 몹시 애매할 뿐 아니라 직접 들었다가는 큰일이 날 수도 있다. 헤르메스는 신들의 소식을 인간들에게 풀어서 알려준다. 이런 이유 때문에 헤르메스에게서 '해석학'이라는 용어가 나왔다. 독일어의 '헤르메노이틱(Hermeneutik)', 영어의 '허머뉴틱스(Hermeneutics)'. 고대 그리스 사람들에게 헤르메스는 교환·전송·위반·초월·전이·운송·횡단 등의 활동과 관련된 존재였다. 헤르메스가 의미와 정보의 전달, 언어의 해석 등에 관련되었음을 짐작할 수 있다. 올림푸스의 저널리스트로서 헤르메스만큼 잘 들어맞는 캐릭터도 달리 찾아보기 어렵다.

헤르메스

전임 대통령의 부인 가운데 한 분이 선거운동 기간 중에 잠시 들고 다녀 화제를 모은 고급 가방의 브랜드가 바로 이 전령신의 이름이다. 나는 지체 높은 분들이 싸구려 가방을 들고 다녀야 한다고 생각하지는 않는다. 다만 정치가에게 신은 국민이고, 국민의 말은 희망인데 그들이 왜 귀를 틀어막은 사람처럼 행동하는지 이해하지 못한다. 국회나 청와대 같은 곳은 바벨의 탑과 같고, 신(즉 국민)의 심부름을 해야 할 자들이 스스로 신이 되어 그들만의 언어로 떠들고 있다. 현대의 헤르메스인 매스미디어는 세월호의 비극을 대하는 그들의 태도에서 드러나듯이 가끔은 자기가 어디에 있어야 할지조차 분간하지 못한다. 그러고는 악어처럼 울어대며 다 끝난 마당에야 반성을 합네, 매뉴얼을 만듭네 하고 수선을 피운다.

헤르메스의 역할은 로마 시대에 이르자 메르쿠리우스(Mercurius)에게 넘어갔다. 이 이름은 라틴어의 메르크스(merx · 상품)이나 메르카토르(mercator · 상인)에서 나왔을 것으로 추정된다. 하는 일은 헤르메스와 거의 같다. 기원전 495년에 지은 메르쿠리우스 신전은 로마의 아벤티노 언덕과 팔라티노 언덕 사이, 콜로세움 근처에 있다. 이곳은 저잣거리이니, 세상 소식이 교차하는 곳이므로 전령의 신이 머무를 곳으로 안성맞춤이다. 메르쿠리우스의 신전이 평민들의 거처인 아벤티노 언덕과 귀족들의 중심지인 팔라티노 언덕 사이에 자리 잡은 뜻은 메르쿠리우스가 단순히 소식의 전달자에 머무르지 않고 중재자의 역할도 겸한다는 뜻이다. 그의 또 다른 이름은 알리페스(Alipes)로, 발에 날개가 달렸다는 뜻이다.

제우스의 전성기, 올림피아

　제우스의 레슬링 실력이 제 아버지를 땅에 뉘고 세상을 넘겨받을 만큼 절륜했다지만 그의 주먹 다루는 솜씨에 대해서는 알려진 바가 없다. '권투 선수' 제우스에 대한 기록은 신화 속에서 찾기 어렵다. 현대의 종합격투기 선수들이 대부분 레슬링과 권투를 함께 익히는 데 비춰 보면 싸움으로 올림푸스를 정복한 제우스 역시 돌주먹의 소유자가 아니었을까.

　권투는 레슬링과 더불어 매우 역사가 긴 격투기다. 신화에 따르면 아폴로가 아레스와 싸워 이긴 다음 이 승리를 기념한 데서 유래했다고 한다. 권투(Boxing)의 어원이 그리스어 PUXOS(상자)라는 주장도 있다. 기원전 496년에 열린 고대 올림픽에서는 경기를 하다 선수가 죽자 이긴 선수의 우승자 자격을 박탈했다는 기록이 있다. 그러니까 권투는 2,500년 전에도 위험한 운동이었다. 상대의 몸(특히 머리)을 쳐서 충격을 가하는 운동이므로 위험을 피할 수 없다. 국내의 한 보험회사 약관은 스포츠 활동 가운데 위험이 큰 종목으로 레슬링·태권도·미식축구 등과 함께 권투를 꼽고 있다. 실제로 한국의 권투 팬들은 뛰어난 선수였던 김득구, 최요삼 선수를 링에서 잃었다.

경기 도중이나 직후 사망하지 않아도, 혹은 부상을 했다가 회복해도 후유증이 엄청나다. 무하마드 알리의 파킨슨병도 당대의 철권 소니 리스튼, 조 프레이저, 조지 포먼, 켄 노턴 등과 싸우며 맞은 충격이 누적된 결과라는 주장이 일반적이다. 플라이급 세계챔피언을 지낸 김태식 선수는 1982년 9월4일 대구체육관에서 열린 로베르토 라미레스(멕시코)와의 경기에서 머리를 다쳐 4시간 30분이나 걸리는 뇌수술을 받고 목숨을 건졌지만 후유증으로 오래 고생했다.

지금도 그렇지만, 고대의 권투는 잔혹하고 유혈이 낭자한 스포츠였다. 수천 년 전의 1차 자료 가운데는 섬뜩한 내용이 많다. 로마국립박물관(Museo Nazionale Romano)에 있는 권투선수의 동상과 아테네 케라메이코스 고고학 박물관(Kerameikos Archaeological Museum)에 있는 비석에 새겨진 양각화는 흉터로 뒤덮인 얼굴, 부러진 코뼈, 퉁퉁 부어올라 일그러져버린 귀를 묘사했다. 꽃병에 그린 그림은 선수의 코에서 쏟아지는 선혈을 보여준다.

특히 경기를 마친 권투 선수를 묘사한 로마국립박물관의 동상은 만신창이가 돼버린 사나이의 모습을 생생하게 재현했다. 눈 주위 곳곳이 찢어져 엉망이 된 데다 귀는 터질 듯 부풀어 올랐다. 얼마나 많이 맞았는지 눈두덩이 심하게 부어 두 눈이 우물처럼 깊이 파묻혔다. 이 선수는 경기에서 이겼을까? 아무리 보아도 이긴 선수의 얼굴이라고 보기에는 지나치게 참혹하다.

권투선수

고대의 자료들 가운데는 권투선수들이 외모가 너무 망가져 자신이 기르던 개들조차 알아보지 못했을 뿐 아니라 (가족이나 친지조차 모습을 알아보기 어려워) 유산을 상속받을 때도 어려움을 겪었다는 내용도 있다.

가이우스 루킬리우스(Gaius Lucilius)는 기원 전 2세기 전후를 살다간 로마의 풍자 시인이다. 캄파니아 명문가의 후손으로, 그리스 철학의 권위자로서 당대의 교양인으로 손꼽혔다. 그는 로마 풍자시(Satura)의 전통을 확립한 인물로서 고대 문학사에 이름을 남겼다. 연극의 형태로 이어져오던 사투라의 양식은 루킬리우스에 이르러 서사시의 형태로 개편되었다. 연극적 시격에서 서사시격으로 개편했다. 전개도 이야기풍으로 하는 등 사투라의 형식을 결정지었다. 루킬리우스는 자신이 확립한 사투라 형식으로 세태를 꾸짖고 비평했으며 여행이나 일상생활에 대해서도 기록했다. 자신만의 필치로 작품을 써나갔고, 그 가운데는 특정인에 대한 인신공격도 적지 않다. 그가 남긴 작품은 30권에 이르는데 훗날의 시인들에게 큰 영향을 주었다. 특히 『송가(Odes)』와 『서간집(Epistles)』을 쓴 퀸투스 호라티우스 플라쿠스(Quintus Horatius Flaccus)는 그의 제자와 다름없다. 루킬리우스가 쓴 풍자시 가운데 이런 대목이 나온다.

"오디세우스가 20년 만에 집에 돌아가자 그가 기르던 개 아르고스만 그를 알아보았다. 그러나 스트라토폰이여, 네 시간에 걸친 권투경기 후에는 개들도 당신 동료도, 시민들도 당신을 알아보지 못한다. 당신이 얼굴을 거울에 비춰보라. '나는 스트라토폰이 아니다'라고 맹세라도 할 수 있을 것이다."

"아우구스투스여, 지금 나타난 이 사나이 올림피코스도 한 때는 코, 턱, 이마, 귀, 눈꺼풀이 있었다. 그러나 그는 권투선수 조합에 가입했고, 그 결과 유언장에 기록된 유산의 자기 몫을 받지 못했다. 유언장과 관련된 소송에서 형제들이 올림피코스의 초상화를 판사에게 보여주었지만 초상화와 전혀 닮지 않은 사기꾼이라는 판결을 받았다."

그러나 사나이의 얼굴을 가족조차 알아볼 수 없을 만큼 일그러 뜨려버린 고통스런 경기, 올림픽 경기 도중 사망자가 발생할 정도로 위험한 격투기였던 권투도 판크라치온(Pankration) 앞에서는 명함을 내밀기 어렵다. 현대로 치면 종합격투기에 해당하는 판크라치온은 경기 자체가 지나치게 잔인한데다 사고가 자주 나서 비난을 받았다. 가장 끔찍한 스포츠라는 판크라치온의 악명은 제국 로마의 시대에 이르러 콜로세움의 흙을 검투사의 피로 물들이게 될 때까지 사라지지 않았다.

피아차 아르메리나의 비키니걸

1997년 8월 24일. 일요일이었다. 그 날 오후, 나는 2인승 피아
트를 운전해 시칠리아(Sicilia)를 가로질렀다. 카타니아(Catania)에 있
는 숙소를 떠나 아그리젠토(Agrigento)를 향해 달렸다. 울먹이듯, 울
렁거리는 듯 올리브빛 능선이 나의 시선을 따라 달렸다. 카타니아
에서 아그리젠토로 가는 가장 빠른 길은 932번 고속도로다. 고원
도시 엔나(Enna)로 가는 오르막길 아래에서 핸들을 꺾어 640번 국
도를 찾아 달리면 이정표가 아그리젠토로 가는 길을 알린다. 그러
나 나는 고속도로를 벗어나 288번 국도로 접어들었다.

아그리젠토 해변의 신전을 감상하기 전에 먼저 피아차 아르메
리나(Piazza Armerina)에 가야 했다. 시칠리아 사람들은 거기 놀라운
유적이 있으며 거기 있는 모자이크를 한번 보면 평생 잊지 못할

거라고 했다. 빌라 로마나 델 카살레(Villa Romana del Casale). 4세기쯤 지었을 것으로 추정되는 로마시대의 저택이다. 피아차 아르메리나에서 약 5㎞ 떨어진 곳에 있다. 4,200㎡가 넘는 넓은 공간에 방이 50여 개나 된다. 크게 네 구역으로 나뉘는데, 동쪽에 있는 네 번째 구역의 작은 방 하나는 스포츠사학자들을 매혹한다. 오늘날의 비키니 같은 옷을 입고 운동(또는 유희)하는 젊은 여성들의 모습을 표현한 모자이크로 장식되었다. 작품 속 여성들을 '비키니 소녀들(Bikini Girls)'이라고 부른다.

여성들의 사회 활동을 제한한 그리스와 달리 로마 여성들의 사회활동 범위는 상당히 넓었다. 체육 분야에서도 예외는 아니었으리라. 비키니 소녀들은 이러한 로마 사회의 분위기를 반영하고 있다고 본다. 소녀들은 아령과 같은 기구를 들고 에어로빅과 같은 운동을 하거나 공을 주고받기도 한다. 이 공놀이를 흔히 '비치발리볼 비슷한 운동'이라고 표현하지만 내 생각은 다르다. 비키니 때문에 해변을 연상하지만, 그림의 배경이 해변인지 운동장인지 체육관인지 단언할 수 없다.

그림에서 윗줄에 등장한 소녀들을 살펴보면 리드미컬한 움직임 속에 일련의 동작이 연속되는 듯하다. 나는 이 그림이 배구보다는 잉글랜드의 월게임(wall game; 벽을 이용해 몸싸움을 하며 공을 던지는 게임)이나 축구와 럭비가 갈라서기 전의 풋볼, 이탈리아의 밀라노 지방에서 지금도 성행하는 칼치오(Calcio)와 비슷할지 모른다고 상상했다. 가운데서 큰 원반 또는 속을 무엇인가로 채운 공을 던지기 위해 몸을 오른쪽 뒤로 꼬아 힘을 모으고 있다. 오른쪽에 있는 두 소녀는 달려 나가며 가운데 소녀가 던지면 받으려고 준비하는 것이다. 미식축구의 리시버처럼.

피아차 아르메리나의 비키니 소녀들

내가 이 글을 쓸 무렵, 지구촌은 브라질 월드컵 개막을 이틀 앞두고 축구 열기로 달아오르고 있었다. 축구는 남성적인 스포츠로 손꼽히지만 축구의 역사는 여성들도 개척자임을 알 수 있다. 중국 한나라 시대의 벽화에서는 공놀이를 하는 여성 두 명이 발견됐다. 프랑스에서는 12세기에 여성들이 축구(풋볼)를 즐겼다고 하며, 스코틀랜드에서는 1790년대 초부터 여성들의 경기가 연례로 열린 기록이 있다. 1895년에는 잉글랜드의 런던 북부 지역에서 여자축구 경기가 열렸다는 기록이 등장한다. 이보다 한 해 앞서 '브리티시 풋볼 클럽(British Football Club)'이라는 최초의 여자축구클럽이 탄생했다.

윈스턴 처칠(Winston Leonard Spencer-Churchill)은 대영제국의 역사가 카이사르의 브리타니아 상륙으로 시작되었다고 했다. 구체적으로는 기원전 55년 8월 26일이다. 처칠은 로마의 정복사업을 영국과 문명세계의 접촉으로 이해한 것이다. 영국은 축구의 종주국을 자부하지만 정말 종주국은 로마일지도 모른다. 피아차 아르메리나의 소녀들은 1,300년 뒤 런던 북부에서 꽃을 피운 브리티시 풋볼 클럽 선수들의 할머니인 셈이다. 런던의 맹렬 여성들은 1차 대전 기간에 활발한 리그전으로 많은 인기를 끌었다. 할리우드 야구 영화 <그들만의 리그(A League of Their Own)>의 잉글랜드 판이다.

1917년 8월, 북동부 잉글랜드에서 전시 군수품을 만드는 여자 노동자들의 팀이 참가하는 대회가 창설되었다. 공식 명칭은 '타인 위어 앤드 티스 알프레드 우드 군수품 여자 대회(Tyne Wear & Tees Alfred Wood Munition Girls Cup)'지만 흔히 '뮤니셔니티 컵(The Munitionettes´ Cup)'으로 알려졌다. 첫 결승전이 1918년 5월 18일에 미들즈브러에서 열렸는데 '블리스 스파르탄스'가 '볼코 보간'을 5:0으로 누르고 우승했다.

남장여성

로마의 여성들이 비치발리볼이 되었건 축구가 되었건 운동을 즐겼다는 사실을 우리는 앞 장에서 피아차 아르메리나의 모자이크 작품으로 남은 비키니 소녀들을 통하여 확인했다. 텔레비전 시리즈 <스파르타쿠스>에서 보듯 확실히 로마의 여성들은 억척스러운 일면이 있었던 듯하다. 그렇다면 로마 문명의 교사라고 할 수 있는 그리스에서 여성들은 어느 정도 스포츠를 즐기며 살았을까?

리쿠르고스(Lykoûrgos)는 스파르타의 관리로서 많은 법을 제정하고 엄격히 관리한 것으로 유명하다. 그는 여자들의 역할은 스파르타를 위해 건강한 아이를 낳는 일이라고 믿었다. 그는 강한 아이들은 강한 부모에게서 태어난다고 생각했고, 여성들도 남자들처럼 몸 관리를 해야 한다고 강조했다. 플루타르코스에 따르면 리쿠르고스는 스파르타의 처녀들이 달리기 경주 뿐만 아니라 레슬링과 원반던지기를 해야 한다고 규정하였다. 그러나 스파르타의 경쟁국가인 아테네에서는 여성들을 위한 체육교육에 관심이 없었다.

여자들이 올림픽 경기에 참가할 수 있는 방법도 있었다. 모습을 드러내거나 경쟁할 수는 없었지만 부유한 여성들은 올림픽 경기에 나갈 4륜 전차 선수단을 운영했다. 스파르타 왕 아르키다모스(Archidamos)의 딸 키니스카(Kyneska)도 이런 식으로 올림픽에 참가해 우승하였다. 파우사니아스(Pausanías)는 그리스 여성들이 남성들의 올림픽이 끝난 뒤 헤라 여신을 기념하기 위해 올림피아에서 '헤란 경기(Heran Games)'를 했다고 기록했다. 중요한 종목은 처녀들의 달리기 경주였다. 처녀 선수들은 가장 어린 처녀, 약간 나이든 처녀, 가장 나이든 처녀 등 세 조로 나뉘어 차례로 경기했다. 달리기 말고 춤 경연도 있었다. 헤란 경기는 돼지를 제물로 바쳐 정결의식을 한 뒤에 대회 일정을 시작했다. 정결의식은 올림피아(Olympia)와 엘리스(Elis) 사이에 있는 피에라(Piera)라는 샘[泉]에서 했다. 헤란 경기의 우승자들은 올리브 관을 상으로 받았으며 헤라 여신에게 경의를 표하기 위해 제물로 바쳐진 소의 일부분을 받았다. 그들은 헤라 신전에 자신들의 조각상을 세울 수 있었다. 그러나 주디스 스와들링(Judith Swaddling)의 연구에 따르면 우승한 여성들은 자신의 승리를 묘사한 그림을 더 선호했다.

올림피아에 있는 고대올림픽 경기장

엘리스 지역에 살던 엘리아 인들은 올림피아에서는 헤란 대회의 운영자 역할을 했다. 그들은 올림피아에 흰 대리석 제단을 쌓았다. 엘리아 인들은 처녀들이 경기를 관람하지 못하도록 하지는 않았다. 그러나 결혼한 여성은 엄격히 제한했다. 엘리아 인들이 왜 결혼한 여성들을 차별했는지 근거를 밝힌 기록은 발견되지 않았다. 허가 받지 않은 여성이 올림픽 경기를 보다가 잡히면 처벌은 사형이었다. 이 불운한 여성들은 절벽 위에서 아래로 내동댕이쳐져 죽었다.

아들의 경기를 보려고 몰래 경기장에 숨어들어간 여성의 기록이 있다. 이 여성은 남자 트레이너 차림으로 울타리를 뛰어넘다가 발각됐다. 그녀는 체포되었지만 과부인 데다가 로도스 출신의 전설적인 운동선수 디아고라스(Diagoras)의 딸이라는 이유로 죽음을 면했다. 그녀의 형제와 아들이 올림픽 챔피언이라는 사실도 그녀의 재판에 유리하게 작용했다. 이 일을 계기로, 여성들이 변장을 하고 경기장에 들어가지 못하도록 트레이너 등 지도자들도 선수들처럼 알몸으로 참가해야 한다는 새로운 법이 통과되었다.

체육을 교육의 일부로 중요시한 스파르타와는 달리 대부분의 그리스의 도시국가들은 여성이 스포츠 경기에 참여하거나 체육교육을 받을 기회를 많이 제공하지 않았다. 기독교 시대가 도래할 무렵 소녀들을 위한 단거리 달리기가 있었는데 피티안, 이즈미안, 네메안 경기가 여기에 속한다. 이 경기들은 요즘으로 치면 올림픽이나 월드컵에 해당하는 그리스 전체(당시로서는 문명세계 전부를 뜻하는)의 축전이었다.

울라마(Ulama), 죽음의 축제

공은 인간을 매혹한다. 문명의 새벽부터 '둥근(round)' 물체는 인간을 매혹했다. 인간은 해와 달을 바라보며 우주를 살폈고 그들이 원을 그리며 운동한다는 사실도 알게 되었다. 하늘의 운동은 종교와 철학을 거쳐 과학으로 진화했다. 그리고 '완벽한 동그라미'일 공은 명실공히 고대와 현대를 통틀어 가장 경쟁적인 스포츠 경기의 핵심에 자리 잡았다. 공 없이 축구, 야구, 농구, 배구, 테니스, 골프 따위의 운동은 없다. 월드컵도 메이저리그도 마이클 조던(Michael Jordan)도 타이거 우즈(Tiger Woods)도 없는 것이다.

우리가 즐기는 현대의 공놀이 스포츠는 대부분 유럽의 백인들이 고안하거나 규칙을 완성해 세계에 퍼뜨렸다. 그렇다고 해서 (축구의 발상지가 중국일지 모른다는 얘기를 이미 했다시피) 유럽 밖에는 도통

그러한 놀이가 없었다고 생각하면 오해다. 자, 미련 없이 지중해를 떠나 대서양을 건너자. 거기서 우리는 또 하나의 위대한 문명과 한 시대를 사로잡은 공놀이 문화의 흔적을 발견할 수 있다. 울라마(Ulama).

울라마는 올멕스(Olmecs)라는 종족이 고무공으로 한 놀이였다. 기원전 1800년경에 시작하여 유카탄의 마야와 아즈텍 문명으로 퍼져나갔다. 오늘날에도 멕시코 북서부에서는 울라마가 변형된 형태의 놀이를 한다. 울라마를 통하여 종교와 문화, 놀이와 제의(祭儀), 삶과 죽음이 교차한다. 심각한 이야기는 뒤에 가서 하겠다. 먼저 공에 주목하자. 고무나무가 많았기에 마야 인들은 쉽게 고무공을 만들어 사용했을 것이다. 바르톨로메 데 라스 카사스(Bartolomé De Las Casas)는 크리스토퍼 콜럼버스(Christopher Columbus; Cristoforo Colombo)의 도착 이후 참혹하게 파괴된 서인도 제도의 역사를 비판적으로 서술한 스페인의 가톨릭 사제 겸 역사가다. 그는 콜럼버스가 스페인으로 돌아갈 때 이 고무공을 가져갔다고 기록했다. 그러므로 콜럼버스는 유럽에 고무공을 소개한 최초의 인물이다.

울라마는 처음에는 아마도 벽이나 장애물이 없는 평지에서 열렸을 것이다. 멕시코의 태평양 해안 치아파스 근처에서 발굴된 기원전 약 1500년경의 경기장은 가장 오래된 울라마 코트였을지 모른다. 과테말라에서는 기원전 800~600년에 조성되었을 것으로 추정되는 경기장이 발굴되었다. 이러한 경기장은 중미 대륙에 줄 잡아 3,000개가 넘는다. 멕시코 남부 유카탄 반도에 있는 고대 유 적지 치첸 이트사(Chichen Itza)에는 '신의 경기장'이라는 츨라츠테말 라카틀(Tlachtemalacatl)이 원형을 간직하고 있다. 경기장은 알파벳 'I' 모양으로 길쭉하고 양 끝은 중간 부분보다 넓다. 경기장을 따라 평행하게 쌓은 양쪽 벽 사이에는 골문 역할을 하는 '스톤 링(Stone Ring)'이 있다.

치첸 이트사의 스톤 링

경기장의 벽을 장식한 조각 가운데 일부는 인간을 제물로 바친 희생 의식을 표현한다. 선수들은 여기서 공을 주고받으며 점수를 내기 위해 경쟁했을 것이다. 울라마 공의 무게는 4kg 안팎으로 추 정되고, 속이 꽉 찬 고무공은 탄력을 받으면 속도가 시속 80km를 넘나들어 잘못 맞았다가는 목숨이 위태로웠다. 선수들은 손을 쓰지 않고 오로지 허벅지와 엉덩이 뼈 사이의 근육으로만 공을 쳐냈다. 그들은 이기기 위해서 경기를 했겠지만 누가 제물이 되었을지는 단정할 수 없다.

어떤 조각 작품 속에서는 희생된 선수의 몸에서 솟구친 피가 뱀 일곱 마리에게 나누어 공급되고 있다. 뱀은 농사와 관련이 있는 신의 상징일 것이다. 어느 조각은 각 팀의 주장으로 보이는 선수 두 명 사이에 선 선수 또는 참수 집행자가 사람의 머리를 잘라 들고 있는 모습을 표현했다. 진 팀의 주장이 목숨을 잃었을 테지만 반대로 이긴 팀 선수 모두가 제물이 되었을 가능성도 있다. 신들은 최고의 팀이 그들을 위해 희생되었음을 흡족히 여기며 풍년으로 축복했으리라.

놀이와 제의가 만나 신들을 초대하던 시대. 신들은 인간이 지닌 가장 소중한 것으로만 만족시킬 수 있는 존재였다. 패자 혹은 승자들은 자신의 죽음으로 패배의 대가를 치르거나 승리한 자의 특권을 누렸다. 일상의 울라마는 물론 즐거운 놀이였겠지만, 그들에게 가장 중요한 어떤 시간에는 치명적인 투쟁을 전제하는 제의였던 것이다. 중미 대륙에 흩어진 경기장에 조작된 장면들을 라스 카사스는 "우주적인 질서를 조절하고, 생식력을 확립하고, 풍작을 담보하는 콜럼버스 전 시대의 드라마틱한 표현"이라고 정의했다.

엿 먹어라

브라질월드컵이 열린 2014년은 대한민국 축구가 월드컵 무대에 데뷔한 지 60년째 되는 해였다. 한국은 1954년 3월 월드컵 예선을 통과해 6월에 열린 스위스월드컵에 참가했다. 예선 상대는 일본으로, 도쿄에서 두 차례 경기를 통해 본선 진출 팀을 가리게 되었다. 한국은 3월 7일 열린 1차전에서 5:1로 이기고 1주일 뒤 2차전에서 2:2로 비겨 본선 진출권을 따냈다. 일본으로 떠나기 전 이유형 대표팀 감독은 이승만 대통령에게 출국 인사를 하면서 "패하면 선수단 모두 현해탄에 몸을 던지겠다"고 다짐했다고 한다. 그의 다짐은 사마천(司馬遷)의 『사기(史記)』에 등장하는 전국시대의 자객 형가(荊軻)가 연의 태자 단(丹)을 위해 진왕(진시황)을 암살하러 떠날 때 역수(易水)가에서 읊었다는 시구, "장사는 한번 가면 돌아오지 않으리(壯士一去兮不復還)"를 떠올리게 한다.

　브라질월드컵 조별리그에서 탈락한 대표팀은 2014년 6월 30일 새벽 귀국했다. 축구팬을 자처하는 남성 한 분이 선수단을 향해 엿을 던졌다. "엿 먹어라"라며, "축구 대표팀을 성원한 국민들을 엿 먹였으니 돌려준다"고 했다. 여기서 '국민'은 월드컵이 열리면 축구팬, 월드 베이스볼 클래식이 열리면 야구팬, 동계올림픽이 열리면 피겨 또는 쇼트트랙 팬이 된다. 한국의 골프선수가 미국에서 열린 메이저 골프대회 마지막 날 마지막 조에서 경기를 한다면 골프 팬이다. 이런 현상은 매우 자연스러운 일인 동시에 다른 나라에 비해 강도가 훨씬 높기에 특별하다고도 볼 수 있다.

자객 형가(오른쪽)와 진왕

'엿 사건'은 일본에도 보도됐다. 최근의 현상이기는 하지만 한국의 뉴스 수용자, 그중에도 스포츠 뉴스를 소비하는 독자들은 해외 반응에 큰 관심을 보인다. 남이 우리(또는 나)를 어떻게 보느냐는 보통 사람들의 관심거리겠지만 특히 일본에서 들리는 이야기에 민감한 것 같다. 아무튼 일본에는 "저 나라는 사람들 성격 통제가 안 되나"라며 부정적으로 보는 시각과 "저렇게 해야 정상인데 일본 팬들은 너무 순하다"며 부러워(?)하는 시각이 섞여 있다. 국내 인터넷 언론이 이러한 반응을 퍼 나르는데, 매체마다 종사하는 담당자들의 가치관에 따라 조금씩 차이가 있다.

　축구전문사이트 골닷컴(Goal.com)의 아시아·일본판 편집장인 체사레 폴렌기(Cesare Polenghi)는 '엿 투척 사건'이 벌어진 날 골닷컴 일본판에 '일본과 한국, 패전을 수용하는 방법의 차이'라는 글을 기고했다. 폴렌기는 이탈리아 사람이지만 일본에서 오래 활동해 일본 축구에 정통한 전문가라고 한다. 그는 기고문에서 "일본과 한국은 이번 대회를 실패로 끝냈다"면서 한국 축구에 대해서는 "전반적으로 실망스러웠다. 아무 생각도 없고, 전체적으로 무기력한 특징 없는 팀에서 오직 손흥민만 돋보였다"고 평가했다. 폴렌기는 "홍명보 감독과 축구 연맹은 앞날에 대해 결정해야 한다. 한국은 내년 1월 아시안 컵에 새 감독과 함께 출전할지도 모른다"고 썼다. 그런데 폴렌기는 이 글에서 '엿 사건'에 대해서도 언급했다. 그는 "한국어에서 '엿 먹어라'는 영어로 말하면 'F××k'에 해당하는 더러운 말"이라고 소개한 다음 "선수들에게 관대한 일본과 달리 한국 팬들은 분노를 표출하고 있다. 일본이 더 강한 축구 문화를 쌓아가고 싶다면 한국처럼 여론이 축구에 깊은 관심을 보이는 상황이 바람직하다"고 했다. 폴렌기가 한국의 축구 문화를 어느 정도까지 이해하는지는 알기 어렵다. 나의 모국어 감각으로는 '엿 먹어라'가 'F××k'과 같이 더러운 말은 아니다.

대한민국의 국가대표 선수들은 언제나 무거운 책무를 지고 있다. 아무리 세상이 바뀌었다고 해도 조국을 대표한다는 사명감은 그들의 의식을 짓누른다. 외환위기로 고통 받던 시절의 박찬호나 박세리는 높은 연봉을 받는 프로선수 개인일 수 없었다. 그들은 한국을 대표했고 한국인의 우수성을 확인하는 본보기였다. 국제대회가 열릴 때 '국민'과 '스포츠 팬'은 등가(等價)의 언어가 된다. 이 얼개 안에서 대표선수를 질타하는 의식은 작동한다. 이러한 의식은 아마도 일제강점기 이후 일본이라는 타자(the other)를 대상으로 끊임없이 투쟁하고 자기 발전을 추구해온 우리 스포츠, 나아가 우리 문화와 무관하지 않을 것이다. 모름지기 스포츠에서 국제 대회는 한국의 대표선수들이 사력을 다해 임해야 하는 엄숙한 제의(祭儀)였던 것이다.

아비요~!

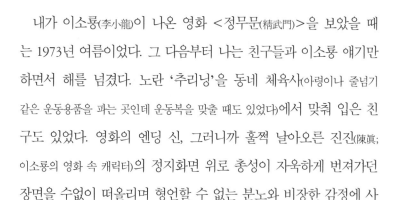

　내가 이소룡(李小龍)이 나온 영화 <정무문(精武門)>을 보았을 때
는 1973년 여름이었다. 그 다음부터 나는 친구들과 이소룡 얘기만
하면서 해를 넘겼다. 노란 '추리닝'을 동네 체육사(아령이나 줄넘기
같은 운동용품을 파는 곳인데 운동복을 맞출 때도 있었다)에서 맞춰 입은 친
구도 있었다. 영화의 엔딩 신, 그러니까 훌쩍 날아오른 진진(陳眞;
이소룡의 영화 속 캐릭터)의 정지화면 위로 총성이 자욱하게 번져가던
장면을 수없이 떠올리며 형언할 수 없는 분노와 비장한 감정에 사
로잡히곤 했다.
　진진은 태극권(太極拳)의 달인이자 정무관을 세운 전설적인 무술
인 곽원의 수제자다. 태극권은 중국 무술의 여러 갈래 가운데 하
나이다. 이소룡은 태극권과 영춘권(詠春拳)의 고수로, 영춘권을 대

중화하고 널리 보급한 엽문(葉問)의 제자였다. 영춘권은 매우 빠르고 강한 기술로 가까운 거리에서 공격과 방어를 해내는 무술이다. 피카디리 극장에서 <정무문>을 본 초등학생에게 이소룡은 꿈이 되었다. 나는 곧 어머니를 졸라 추리닝을 맞춰 입고 그 무릎이 다 해질 때까지 입고 다녔다. 쌍절곤을 익히느라 온몸이 늘 멍투성이 였다. <용쟁호투(龍爭虎鬪)>는 저금통을 털어 동네 극장에서 봤다. 방과 후에 극장에 갔는데, 밤늦게 집에 돌아가자 부모님께서 근심스러운 표정으로 기다리고 계셨다. 속 빈 돼지가 책상 위에서 뒹굴고 있었다.

  <정무문>으로 시작해서 <당산대형(唐山大兄)>, <맹룡과강(猛龍過江)>, <용쟁호투>, <사망유희(死亡遊戲)> 등 이소룡이 나온 영화는 다 보았다. 1977년 존 트라볼타(John Travolta)가 주연한 <토요일 밤의 열기(Saturday Night Fever)>가 온 동네 청년들을 흥분시켜 손가락 권총으로 허공을 찌르게 만들 때까지 우리 세대 누구도 이소룡의 영향에서 벗어나지 못했다. 여기저기서 시도 때도 없이 이소룡의 그 '아비요~!'하는 괴성이 터졌다. 이소룡의 죽음이 준 충격은 훗날 록음악에 미쳐 밴드를 한답시고 쏘다닐 무렵 존 레넌이 총에 맞아 죽었다는 뉴스를 들었을 때에 비해 작지 않았다.

  이소룡에게는 숨은 재주가 있었다. 춤. 배우로 뜨기 전인 1958년 홍콩에서 열린 댄스 대회에 나가 우승하기도 했다. 인터넷을

뒤지면 이소룡이 춤추는 모습을 사진으로 볼 수 있다. 브루스 리(Bruce Lee)와 차차(Cha Cha) 또는 맘보(Mambo)를 키워드로 넣으면 동영상도 나온다. 이소룡의 차차는 영화 <아비정전>에서 장국영(張國榮)이 '마리아 엘레나(Maria Elena)'에 맞춰 춘 맘보 못잖다.

영화 〈사망유희〉에 출연한 이소룡(오른쪽)

스포츠맨 가운데는 이소룡처럼 예술, 특히 음악에 능한 사람이 많다. 반대로 스포츠에 미친 음악가도 적지 않다. 지휘자 헤르베르트 폰 카라얀(Herbert von Karajan)은 모터스포츠 광이었고 항공스포츠에도 일가견이 있었다. 바이올리니스트 나이젤 케네디(Nigel Kennedy), 작곡가 드미트리 쇼스타코비치(Dmitri Shostakovich), 피아니스트 다니엘 바렌보임(Daniel Barenboim)은 알아주는 축구광이었다. 바이올리니스트(violinist) 정경화·지휘자 정명훈 남매는 젊은 시절 탁구를 즐겨 쳤다.

스포츠와 음악은 태어날 때부터 뗄 수 없는 관계였다. 인간의 운동이란 무용이나 발레가 보여주듯이 리듬과 선율이며 따라서 음악이기 때문이다. 플라톤은 청소년이 철학을 배우기 전에 운동과 음악부터 가르치라고 권했다. 플라톤 시대에 철학이란 곧 학문을 뜻했고, 운동과 음악은 인간 지성의 근기(根基)를 기르는 행위였다. 음악과 체육은 어느 한 곳으로도 치우쳐서는 안 되는 저울과 같다. 소크라테스는 플라톤이 쓴 <국가론>에서 말한다.

"무사이(뮤즈; Mousai)를 가까이하지 않는다면 어떻겠나? (…중략…) 일깨워지지도 않고 키워지지도 않으며, 또 그의 감각은 순화되지도 않기 때문에 약하고 귀머거리에다 소경이 되는 것이 아닌가? (…중략…) 그런 사람은 교양 없는 사람이 되어 짐승처럼 폭력과 사나움으로 모든 목적을 이루려 들고, 무식과 우둔 속에서 조화도 우아함도 없는 생활을 하는 것일세. (…중략…) 음악과 체육을 가장 훌륭하게 섞어서 알맞게 영혼에 적용하는 사람이야말로 현(絃)을 조율하는 사람보다 훨씬 완전하고 조화를 이룬 음악적인 사람이라고 주장하는 것이 참으로 옳은 일일세."

동아병부

1980년대 미국의 텔레비전 드라마나 영화에는 동양 무술을 비하하거나 희화화한 장면이 자주 등장했다. 주로 활극영화들인데, 예를 들면 이렇다. 악당이 옛날의 이소룡을 연상시키는 '아비요~!'를 외치며 여러 가지 무술의 기본동작을 해 보이며 주인공을 위협하거나 싸울 준비를 한다. 악당은 대개 우두머리의 이름 없는 졸개로서 척 보기에도 동양 사람이다. 주인공은 요즘 말로 '시크'하게 그 꼴을 바라보다 뚜벅뚜벅 다가가 정의의 주먹 한 방을 날린다. 악당은 준비동작을 할 때의 호기는 어디 갔는지 허무하게 푹 쓰러져 정신을 잃는다.

공들여 수련한 중국 무술 따위는 아무짝에도 쓸모없고, 그저 위대한 미국의 영웅이 날린 주먹 한 방이면 정신과 육체가 분리돼버린 이 시대는 언제인가. 로널드 레이건(Ronald Reagan)*이 미국의 힘을 밑천 삼아 강펀치를 마구 휘두르며 서방 세계의 대장 노릇을 확실히 하던 시기다. 마거릿 대처(Margaret Hilda Thatcher)가 경찰을 시켜 광산 노동자들의 머리통을 곤봉으로 사정없이 짓이기던 시기, 그리고 중국은 아직 미국과 맞설 힘이 없어 은인자중하던 시기다. 소련을 무너뜨리고 바야흐로 지구촌의 유일 강국으로 떠오르게 되는 미국의 눈에 중국이란 그저 한주먹거리로 보였을지 모른다.

창위안(蒼源)의 벽화

우리는 흔히 스포츠나 체육이 서양에서 시작되었거나 그들의 전유물이라고 생각한다. 그러나 서양에서 성행하는 스포츠 종목 가운데 상당수가 동양에서 시작되었거나 최소한 그들보다 먼저

* 미국의 40대 대통령.

동양에서 성행했음을 보여주는 증거가 수없이 많다. 월드컵이 열릴 때마다 수십억 지구촌 사람들을 들었다 놓았다 하는 축구도 중국 한나라에서 가장 먼저 시작되었다는 증거가 널려 있다. 국제축구연맹(FIFA)은 2004년 10월 19일자 홈페이지에 축구가 중국에서 가장 먼저 시작되었음을 인정하는 기사를 게재하기도 했다. 서양은 동양을 정복했다고 생각하지만 화약과 나침반을 배워 사악하게 사용한 결과다.

에드워드 샤퍼(Edward schafer)와 같은 역사학자들은 상(商; 기원전 1500~1000년)에서 당(唐; 618~907년)에 이르는 기간 동안 중국의 문화는 서양을 압도했다고 주장했다. 하워드 크누켄(Howard G. Knuttgen)은 여러 고고학적 증거를 들어 예수 탄생 이전에 이미 체계화된 스포츠가 중국에 존재했음을 논증했다. 3,400년 전에 그려졌으리라고 추정되는 창위안(滄源)의 벽화는 동시대인들의 다양한 육체활동을 표현했다. 그리고 시대를 가로질러 이소룡에게까지 이어진 무술은 서기 500년쯤 수행자 보디다르마(달마)가 인도에서 중국으로 넘어간 뒤 인기 있는 스포츠가 되었다.

달마는 처음 열여덟 가지 동작을 소개했고 제자들에게 여러 가지 공격과 방어 기술을 가르쳤다. 시간이 지남에 따라 무술은 체계가 자리 잡히고 널리 보급되었다. 서기 1070년쯤에는 치오양상엔(Chio Yuan Shang Jen)이라는 무술 선생이 170가지가 넘는 동작을 통합해 훈련 체계를 완성했다. 무예는 중국 철학과 숙련된 전사(戰士)에 대한 필요의 산물이었다. 오늘날 중국의 무술은 우슈(武術)로 불린다. 하지만 이보다 더 이른 시기에는 군인으로서의 용맹함을 나타내는 우용(武勇) 또는 전투기술을 뜻하는 우이(武技)라고 불렸다. 이러한 기술들은 단순한 격투기나 군사기술에 머무르지 않고 음·양으로 집약되는 중국 철학의 다양한 요소들을 반영했다. 그 결과 중국의 무술은 인간 존재의 육체적 측면과 철학적 측면을 고루 살핀 무예 체계로 형상화되었다. 서구 사회에 사는 현대인들이 20세기의 막바지에야 비로소 깨우치기 시작한, 대단히 정교한 삶의 방식이자 태도이기도 하다.

이소룡이 레이건과 대처 시대의 드라마나 영화를 보았다면 관뚜껑을 발로 차고 무덤에서 튀어나왔을 것이다. '아비요~!' 하면서. 이소룡은 평생에 걸쳐 강한 동양인의 이미지를 지키다 갔다. 영화 속에서 그는 척 노리스, 카림 압둘 자바 같은 강한 서구인을 맨손으로 거꾸러뜨렸다. 영화 <정무문>에서 이소룡이 가라데 도장에 쳐들어가 닥치는 대로 때려누인 뒤 액자에서 떼어내 일본인들에게 찢어 먹인 종이에는 '동아병부(東亞病夫)'라고 씌어 있다. 아편쟁이 중국인, 동양의 병자라는 뜻이다. 이소룡은 "중국인은 결코 동아병부가 아냐"라고 외친다. 이 말은 동양을 무시하는 할리우드의 서양인들을 향한 외침이기도 했다.

소림사와 성룡

이소룡은 영화를 통하여 중국인이 얼마나 강한지, 중국 무술이
얼마나 가공할 만한지 보여줬다. 거구의 서양인들이 그의 발길질
이나 주먹질에 퍽퍽 나가 떨어졌다. 그의 스승은 엽문이다. 엽문
의 무술은 영춘권이다. 영춘권은 빠른 속도와 강한 힘, 간결한 기
술로 가까운 거리에서 공격과 수비를 한다. 무술의 이름은 창시자
인 엄영춘(嚴詠春)이라는 여성의 이름에서 나왔다. 엽문은 중국 광
동성 불산에서 태어났으나 중국 공산주의 혁명을 피해 1949년 홍
콩으로 이주했다. 그곳에서 생계를 위해 무술을 가르쳤는데 이소
룡도 그가 배출한 수많은 제자 가운데 한 명이다. 엽문은 영화 속
에서처럼 영웅적인 성격은 아니었고 매우 내성적이고 소탈했다고
한다. 그의 생애를 점철한 침묵의 아우라 속에서 이소룡의 개성이

별처럼 빛났으리라.

할리우드의 단역 배우였던 이소룡을 중국의 영웅으로 키워낸 홍콩의 영화사 골든 하베스트는 이소룡이 세상을 떠난 뒤 새로운 스타가 필요했다. 골든 하베스트가 1980년대 들어 시장에 내놓은 인물이 성룡(成龍)이다. 성룡은 이소룡과 전혀 다른 인물이었다. 성룡은 무자비한 킬러도, 극기와 절제로 점철한 무도가도 아니었다. 이소룡처럼 바늘 한 자루 꽂을 곳 없는 궁극의 강자가 아니라 얻어맞아 쓰러지고 여기저기 터져 피를 흘리기 일쑤였다. 스크린 속에서 그는 인간적이었고 실수투성이였다. 그러나 기어이 일어서는 오뚝이였고 특유의 유머와 낙천성이 있었다. 그리고 그 밑바닥에서는 강인한 생명력이 숨을 쉬었다. <취권>으로 대표되는 성룡의 시대는 권총을 갈겨대는 새 영웅들이 등장할 때까지 이어졌다. 오우삼이 만들어낸 '홍콩 누아르'는 자욱한 총성 속에서 중국 반환을 앞둔 홍콩 사람들의 허무를 표현했다.

이상한 일은 이소룡이 죽은 다음 중국 무술은 쿵푸로 대변되고, 이는 곧 소림사(少林寺)라는 사찰로 직결되었다는 사실이다. 위에 설명했듯 이소룡의 권법은 소림사와 직접 관련이 없다. 성룡의 무술은 연기에 가깝다. 1954년 홍콩에서 요리사 아버지와 세탁부 어머니 사이에 태어나 가난하게 자란 성룡은 일곱 살 때 경극 학원에 들어가 10년 동안 수련했다. 거기서 무술과 연기를 배웠는데 나중에 홍콩 영화를 주름잡는 홍금보(洪金寶), 원표(元彪), 원규(元奎) 등이 모두 이 경극학원 출신이다. 이들은 영화 속에서 뛰어난 무술 솜씨를 보였지만 연기자들일 뿐 무술가들은 아니다. 홍콩 영화, 중국 무술, 소림사로 이어지는 이미지의 연결 고리는 무엇이었을까. 나로서는 풀기 어려운 수수께끼다.

소림사

소림사는 중국 허난성 덩펑현의 숭산에 있는 절이다. 서기 496년 북위의 효문제가 인도 승려 발타를 위하여 창건했다 한다. 북주 시대에 파괴되었으나, 수나라 때 문제가 재건했다. 달마가 좌선했다는 전설로도 유명하다. 그러나 소림사를 진실로 유명하게 만든 소재는 이곳의 무술, 즉 소림 권법이다. 소림 권법은 달마가 면벽수련을 하는 수행자들의 건강을 증진하기 위해 다섯 동물의 움직임을 본떠서 만들었다고 한다. 곧 호랑이권법(虎拳), 학권법(鶴拳), 용권법(龍拳), 표범권법(豹拳), 뱀권법(蛇拳)이다. 그러니까 달마가 만든 소림 권법은 일종의 건강 체조다. 한 대 제대로 맞았다가는 피를 토하며 목숨을 잃는 살수(殺手)와는 거리가 멀다.

2007년 11월 중국 허난성 안양사범대학의 마아이민(馬愛民) 교수는 소림 권법의 기원에 대한 보고서를 발표했다. 마 교수는 달마는 무승(武僧)이 아니었으며, 소림 권법의 창시자는 소림사 2대 주지 초우라고 주장했다. 달마가 숭산에 머무른 시기는 486~495년. 소림사를 창건하기 전이다. 발타에 이어 두 번째로 소림사 주지가 된 초우는 소년 시절부터 무술을 연마해 서른세 살 때인 북위 선무제 10년(512년)에 소림사 최초의 무승이 되었다. 그가 주지가 된 뒤 소림사의 승려들은 본격적으로 무예를 단련했고, 그럼으로써 오늘날의 소림 권법이 발전했다는 것이다.

베네딕토 수도회와 소림사

베네딕토회 수련 수사 아드소(Adso)는 프란치스코회 수도사 윌리엄(William)과 더불어 베네딕토 수도원을 방문한다. 수도원은 희귀 고문서로 가득하다. '책(冊)'이 지배하는 공간. 수도사들은 책을 위해 살아간다. 그 중 여섯 명이 묵시록의 예언을 떠올리게 하는 방식으로 차례차례 목숨을 잃는다. 수도원장은 윌리엄에게 사건의 조사를 맡긴다. 윌리엄은 질투 · 욕망 · 공포의 표징을 찾아 해독함으로써 진실에 접근해간다.

움베르토 에코(Umberto Eco)가 쓴 소설, 『장미의 이름(Il nome della rosa)』의 줄거리이다. 작가는 이 작품이 단지 미스터리로만 읽힐까 우려했다. 그래서 '수도원 범죄사건(Murder in the Abbey)'이라고 지으려던 제목도 버렸다. 그러나 추리소설로 읽어도 아무 상관없다.

특히 더운 여름이라면. 에코는 제목의 출처에 대해 창작노트에서 이렇게 설명했다.

"나는 많은 독자들로부터 이 책의 말미에 실린 시구, 'Stat rosa pristina nomina nuda tenemus(지난날의 장미는 이제 이름뿐이요, 우리에게 남은 것은 덧없는 이름뿐)'의 의미와 이 시구를 왜 책의 제목으로 선택했느냐는 질문을 받았다. 내 대답은, 모든 사라지는 존재는 이름을 남긴다는 것이다. (…중략…) 이 제목에 대한 상징적 의미 해석에 대한 결론을 독자에게 숙제로 남긴다. 이야기꾼은 자기 작품을 해석해서는 안 된다."

움베르토 에코

나도 해석하지 않겠다. 장 자크 아노(Jean-Jacques Annaud)가 감독해 1986년에 개봉한 같은 제목의 영화를 보면 힌트를 얻을 수 있을지 모른다. 나는 영화가 소설만 못하다고 생각한다. 내가 보기에 문학작품에서 소재를 구한 영화는 원작을 뛰어넘기가 매우 어렵다. 상상과 영감의 공간은 소설의 행간 속에서 극한까지 확대된다. 영화는 물리적 공간에 의존할 수밖에 없다. 컴퓨터도 아직은 상상의 세계를 극복하는 도구가 아니다.

수도원의 기원은 고대로 거슬러 올라간다. 유럽사회에 큰 영향을 미친 시기는 중세다. 수도원은 타락한 교회 문화를 극복하기 위한 대안이기도 했다. 그러나 단지 종교적 의미와 기능에 그치지 않았다. 수도원은 중세 문화 전반에 영향을 주었다. 특히 서적의 편찬과 보존에 크게 기여했다. 이 서적들은 그리스 로마로 이어진 고대문화와 철학, 종교, 의학, 교육, 언어 등 거의 모든 분야를 다루었다.

흔히 중세를 일컬어 '암흑의 시대'라고 한다. 유럽 문명의 영혼과도 같은 그리스 로마의 문화와 그 결과물을 지켜낸 수도원은 어둠의 바다 위에 점점이 떠오른 별빛과 같은 존재다. 수도원은 콘스탄티노플을 수도로 삼은 동로마제국과 더불어 유럽 문명의 보루 역할을 했다. 이러한 기능은 숱한 전란을 겪으면서도 불교 경전과 예법, 부처의 가르침을 지키고 전해온 중국의 사찰들과 비교할 만하다.

중세를 시대 구분하는 기준은 학자마다 다르다. 브리태니커사전에 따르면 로마 제국의 몰락(395년)부터 르네상스 시대까지의 시기다. 르네상스 시대는 유럽의 지역에 따라 13세기부터 15세기까지 다양하게 해석된다. 이 시기를 암흑시대라고 부르는 데는 유럽 역사에서, 고대 그리스와 로마의 고전 문화를 중요하게 생각하는 문화 역사관이 작동한다.

스포츠와 체육의 분야에서도 중세는 암흑시대로 분류된다. 체육사학자 로버트 메치코프(Robert A. Mechikoff)는 『스포츠와 체육의 역사 철학(A history and philosophy of sport and physical education)』에서 "이 시기 기독교인들은 운동경기에 참가하거나 신체를 아름답게 하기 위해서 단련하는 일이 영혼이 안식하는 신체를 오염시키며 영혼을 불손하게 대하는 것이라고 믿었다"고 했다. 수도원을 신앙적 삶을 영위할 수 있는 이상적인 장치로 생각한 수도사들의 운동은 생계를 위한 최소한의 노동에 국한되었다.

그러므로 중세의 유럽 수도원에서 중국의 소림사에서 했다는 무술의 개발과 연마는 상상할 수 없는 일이었을 것이다. 중세의 미술작품에서는 인물을 '몸짱'으로 표현한 사례를 찾기 어렵다. 위대한 인물이라도 콤모두스나 아우구스투스의 대리석 조각처럼 우람하지 않다. 종교인이나 성경 속에 등장하는 인물을 표현한 그림 가운데는 흡사 병자처럼 묘사한 경우도 있다. 서양의 미술작품에서 몸짱을 다시 보려면 르네상스 시대까지 기다려야 한다.

돈 까밀로와 뻬뽀네, 그리고 마법사의 폭풍

뻬뽀네(Peppone)는 공산주의자로서 이탈리아의 시골 마을 바싸(Bassa)의 읍장이다. 맞춤법도 제대로 못 깨친 무식쟁이. 예를 들면 공산당의 벽보를 '누군가' 훼손한 데 대한 경고문을 이렇게 쓴다. "어저께 밤에 또다시 우리 벽뽀지 위에 어떤 자의 손이 모욕쩍인 공격을 가했다. 어떤 악당의 손이 그랫는지는 몰라도 단단히 각오할 껏이다. 만약에 또다시 어둠을 틈타서 그런지슬 해주면 그때는 후회하여도 소용이 업쓸 껏이다. 참는 데도 한개가 있는 줄을 알라!"

이런 뻬뽀네가 갓난아기를 안고 성당에 가 영세를 청한다. 주임 신부는 돈 까밀로(Don Camillo). 공산당을 혐오하며 무식한 뻬뽀네를 미워한다. 까밀로 신부가 묻는다. "뭐라고 부를 텐가?" "레닌 리베로 안또니오." 까밀로는 홱 돌아선다. "소련에 가서 영세를 받게."
그런 그를 예수가 어르고 달래서 영세를 주게 한다. 그런데 까밀
로 신부, 뒤끝 있다. "아이에게 영세를 주겠다. 하지만 그런 흉악
한 이름으로는 안 된다." 결국 두 사람은 말 대신 주먹을 섞는다.
예수가 까밀로를 응원한다.

"힘을 내라, 돈 까밀로. 아래턱에다 한 대 먹여라."

큰 대(大)자로 뻗은 뻬뽀네는 10분이 넘도록 정신을 잃었다가
겨우 깨어난다. "뭐라고 부를 텐가?" "까밀로 리베로 안또니오."
까밀로는 고개를 젓는다. "리베로 까밀로 레닌이라고 하는 게 좋
겠네. 레닌을 넣되 그 옆에서 까밀로가 지키고 있으면 꼼짝 못할
테니까." 나중에 예수가 칭찬한다. "나보다 한 수 위인걸." 까밀로
가 우쭐해서 대답한다. "주먹도요."

조반니노 과레스키(Giovannino Guareschi)가 쓴 『신부님 우리들의
신부님』에 등장하는 에피소드다. 천주교 사제가 완력으로 무식하
고 폭력적인 공산주의자를 혼내주고 종교적 신념을 관철하는 장
면은 코미디처럼 재미있다. 물론 과레스키의 책에는 완력에 대한
찬양이 아니라 드러내 놓고 말하지 못할 보통 사람의 아픔과 슬
픔, 인간에 대한 사랑과 존경이 녹아 있다. 돈 까밀로는 소설 속의
인물이지만 다른 형태로 현존한다.

2001년 5월 멕시코시티. 늙은 레슬러가 은퇴를 한다. 1978년

프로레슬링 선수가 된 그는 늘 황금색 가면을 쓰고 경기를 했다. 별명은 '마법사의 폭풍(Fray Tormenta)'. 화려한 가면과 눈부신 기술은 관중을 열광시켰다. '마법사의 폭풍'은 수없이 밀어닥치는 위기의 순간들을 끝끝내 이겨내고 다시 일어나 상대 선수를 제압하는 신비한 힘을 지녔다. 그러나 그러는 사이 세월은 바람처럼 지나갔고, 시간의 무게가 등허리를 짓이겼다.

세르히오 구티에레스 신부

'마법사의 폭풍'은 23년 동안 변함없이 성원한 팬들을 위해 마지막 선물을 준비했다. 그는 관중의 기립박수 속에 링 한가운데 섰다. 관중의 박수가 잦아들 즈음, 황금가면을 천천히 벗기 시작했다. 모두 깜짝 놀라 숨을 죽였다. 가면을 벗은 레슬러가 마이크 앞에 섰다. "여러분, 감사합니다. 저는 작은 성당의 신부인 세르히오 구티에레스(Sergio Gutierrez Benitez)입니다. 프로레슬링을 하는 동안 저는 고아원 아이들을 경제적으로 도울 수 있었고, 그들에게 꿈과 희망을 줄 수 있어서 행복했습니다."

구티에레스 신부는 23년 동안 가면을 쓴 채 프로레슬링을 해 번 돈으로 3,000명이 넘는 고아들을 부양한 것이다. 그의 첫 파이트머니는 200페소(약 1만5,564원)이었다고 한다. 구테에레스 신부는 은퇴한 뒤에도 종종 링에 올라 2011년까지 경기에 나갔다. 그리고 미사를 집전하면서도 황금 마스크를 쓴다고 한다. 그의 이야기는 여러 차례 영화로 만들어졌다. 1991년에 제작된 프랑스 영화 <황금 마스크를 쓴 사나이(L'Homme au masque d'or)>, 2007년에 개봉한 할리우드 영화 <나초 리브레(Nacho Libre)>.

세상이 달라졌으니 망정이지, 스포츠의 암흑기로 불리는 중세에 성직자의 레슬링은 꿈도 꾸지 못할 일이었을 것이다. 그리스와 로마의 신들은 하나같이 몸짱이면서 운동의 귀재였다. 제우스는 올림푸스의 레슬링 챔피언이 아닌가. 그러나 예수와 그의 제자들은 완력과 무관했다. 요한이 은근히 자신의 달리기 솜씨를 자랑하고 베드로가 이따금 폭력에 호소하긴 했지만. 이 이야기는 다음에 하겠다.

베드로도 제쳐버린 요한의 달리기 솜씨

2014년 8월, 프란치스코 교황이 한국을 방문했다. 교황이 로마로 돌아간 뒤에도 그가 남긴 울림은 오래 지속되었다. 가없는 절망과 비탄에 빠진 사람들을 향하여 거침없이 다가가는 교황의 모습은 '어른'을 찾아보기 어려운 우리 사회를 돌아보게 했다. 교황은 사랑, 평화, 용서를 말했다. 우리가 다 아는 말이라고 생각했지만 교황이 말하니 달랐다. 미사를 집전하는 교황의 목소리는 매우 낮아서 시구를 읊조리는 듯했다. 그러나 그 안에 저돌적인 힘이 실려 있었다.

소설가 정찬주는 법정 스님의 제자를 자처하는 불자(佛子)다. 그가 2014년 8월 19일자 페이스북에 썼다. "그가 돌아가는 기내에서 했다는 말씀. '누군가가 중립을 지켜야 하니 노란 리본을 떼라고 요구했다. 그러나 나는 세월호 유족들의 아픔을 외면할 수 없었다.' 압정에 찔린 것처럼 뜨끔하다. 생명 앞에서 중립이 어디 있나? 생명 앞에서 보수, 진보가 어디 있나? 힘든 사람들의 눈물을 닦아주겠다던 그 많은 지식인들은 지금 어디 있나?"

프란치스코 교황이 보여주는 이토록 '선한 저돌성'은, 가톨릭이 초대 교황으로 간주하는 예수의 머릿제자 베드로를 떠올리게 한다. 십자가에 거꾸로 못 박혀 죽었다는 그는 급한 성격 때문에 예수로부터 여러 차례 주의를 듣는다. 요한복음에는 배신한 제자 유다가 끌고 온 무리가 예수를 붙잡으려 하자 베드로가 차고 있던 칼로 대사제의 종을 내리쳐 오른쪽 귀를 잘라버렸다는 대목이 나온다. 마태복음은 이 장면에서 예수가 "칼을 도로 칼집에 꽂아라. 칼을 쓰는 사람은 칼로 망하는 법"이라고 타일렀다고 기록했다.

성경의 여러 구절에서 베드로는 생각보다 감정과 행동이 우선하는 사람으로 묘사되었다. 갈릴리 호수에서 고기를 잡다가 예수의 부름을 받자 그물이고 배고 다 버리고 선뜻 따라나서는 장면, 사흘 전 죽은 예수의 시체가 무덤에서 사라졌다는 말을 듣고 벌떡 일어나 단걸음에 무덤으로 달려가는 장면에서 그의 성품이 드러난다. 그런데 요한복음은 베드로 말고 또 한 사람이 함께 무덤으로 달려갔다고 기록했다. '예수께서 사랑하시던 다른 제자'다. 그가 바로 요한이었다는데(물론 논쟁도 있다) 이 제자는 달리기를 잘했나 보다. 은근슬쩍 자랑도 해 놓았다.

"두 사람이 같이 달음질쳐 갔지만 다른 제자가 베드로보다 더 빨리 달려가 먼저 무덤에 다다랐다."

마상 창경기를 묘사한 14세기의 세밀화

요한이 자랑한 빠른 걸음은 기독교의 시대 중세에는 아무짝에도 쓸모없는 미덕이었을지도 모른다. 본디 기독교인들은 로마의 경기와 볼거리인 살육에 대해 반대했던 주요 세력이었다. 안티오키아 시대(서기 108년)의 주교였던 이그나티우스(Ignatius)는 '로마의 볼거리는 기독교인들이 싸워야만 할, 악이 행하는 가장 잔인한 고문의 하나'라고 주장했다. 로마가 기독교를 국교화한 다음 올림피아의 제전이 종막을 고한 것은 당연한 수순이었을 것이다. 중세의 기독교는 스포츠를 쾌락을 추구하는 방편으로 간주하여 경계하였다. 육체와 정신에 대한 기독교의 견해는 '금욕주의적 이원론'으로 정리할 수 있다. 영혼을 순결하게 하기 위해 신체가 어떤 형태로든 쾌락을 즐겨서는 안 된다는 믿음이다. 『세계 체육사(A world history of physical education)』를 쓴 밴 댈런(Van Dalen)과 브루스 베네트(Bruce Bennett)는 다음과 같이 설명하였다.

"기독교인들은 마침내 신체를 악의 도구로 간주한다. (…중략…) 많은 사람들은 천국에서의 삶이란 신체에 관한 모든 생각의 범위 밖에서, 그리고 중요한 신체적 욕구를 무시하는 범주에서만 얻을 수 있다는 전제를 받아들이기 시작했다. 이러한 분위기에서는 체육의 가장 가치 있는 이상조차도 존재할 수 없었다."

일부 중세 역사가들에 의하면 기독교인들은 의식을 위한 춤, 신체 노동을 제외하고는 신체의 쾌락과 유혹을 피해야만 했다고 한다. 또 체육학자들 가운데 상당수는 중세에 스포츠다운 스포츠라고는 기사들이 했다는 '마상 창 경기(Joute)'뿐이었다고 주장한다. 갑옷을 입은 기사 둘이 말을 탄 채 긴 창을 들고 마주 달려와 상대를 창으로 쳐서 떨어뜨리는 경기다. 전투에 대비한 훈련과 다름없다. 나는 그럼에도 불구하고 중세의 민중들이 다양한 형태로 스포츠를 즐겼으며 신체를 단련했으리라고 짐작한다. 호모루덴스는 결코 멸종되지 않는 족속이므로.

바이외 태피스트리

초기 기독교 성직자들은 스포츠와 다른 세속적 활동에 대해 매우 부정적이었다. 그러나 시간이 흐르면서 이러한 태도는 차츰 달라졌다. 11세기와 12세기에 걸쳐 기독교의 스포츠에 대한 태도가 매우 유연해졌다. 유럽의 수많은 귀족들이 이 시기에 성직자가 되었는데, 상류사회 사람들의 신앙심이 돈독해서라고만 보기는 어렵다. 그 시대의 재산 상속 방식에서 원인을 찾는 학자들도 있다. 중세의 귀족들은 일반적으로 맏아들에게 재산(대부분은 토지)을 상속했다. 나머지 어린 형제들은 기사가 되어 싸움터를 누비거나 성직자가 되었다. 성직자가 된 젊은 귀족들은 사냥이나 기사들을 훈련시키기 위한 전투 스포츠 같은 세속적 유희를 쉽사리 떨쳐낼 수 없었다. 이러한 활동은 종교인들의 사회에서 점차 대중화되어갔고, 세속적 유희에 대한 기독교의 엄격한 태도 역시 누그러졌다. 이를 설명하는 가장 좋은 예가 '바이외 태피스트리(Tapisserie de Baye-ux)'이다.

바이외 태피스트리는 프랑스 바스노르망디의 역사 도시 바이외에서 발견된 중세 직물 벽걸이이다. 서기 1070년경에 제작되었고, 크기는 길이 68.8m, 높이 50㎝다. '정복왕' 윌리엄 1세(William I)의 이복동생인 바이외의 오도 주교(Bishop Odo)가 주문해 만들어졌다. 바이외의 노트르담대성당을 장식하려고 제작된 것으로 보인다. 2007년 유네스코 세계기록유산에 등재되었다. 여러 곳을 옮겨 다닌 이 작품은 현재 신학교인 '상트르 기욤 르 콩케랑(Centre Guill-aume le Conquérant)'에 있는 바이외 태피스트리 박물관에서 소장하고 있다. 바이외 태피스트리에는 윌리엄 1세의 업적과 중세 신화 등이 상세히 기록되어 있다. 이를 통하여 중세시대 전투 방식, 사상, 헤이스팅스 전투(battle of Hastings)의 내용 등에 대해 자세히 알 수 있다.

오도 주교는 윌리엄이 잉글랜드를 정복하는 데 적지 않은 역할을 한 인물이다. 윌리엄은 잉글랜드를 공격하기에 앞서 오도 주교를 로마 교황청에 보내어 자신의 정복을 합리화하기 위한 협상을 시작했다. 크리스토퍼 리(Christopher Lee)는 『왕홀의 섬(This Sceptred Isle)』에 "그 결과 교황 알렉산드르 2세로부터 윌리엄의 잉글랜드

정복을 지지하는 신성한 깃발과 베드로의
모발이 담긴 반지를 받았다"고 적었다.

바이외 태피스트리(부분)

  헤이스팅스 전투는 1066년 10월 14일 윌
리엄의 군대가 잉글랜드왕 해롤드(King Harold
II)의 군대와 헤이스팅스에서 벌인 전투다.
10월 13일, 윌리엄이 헤이스팅스로 진격한
다는 소식을 접한 해롤드는 7,000명에 이르
는 보병대를 이끌고 요크셔(Yorkshire)에서 남하했다. 해롤드의 병력
은 윌리엄의 군대와 대등했지만 훈련이 부족한 군인들이었다고
한다. 반면 윌리엄의 군대는 노르만 기사단을 중심으로 한 정예
병력이었다. 10월 14일 새벽, 해롤드 진영을 급습한 노르만 기사
단은 헤이스팅스 북서쪽으로 16㎞ 지점까지 상대를 몰아붙였다.
해질 무렵 해롤드가 전사했고 잉글랜드군은 패주하였다. 바이외
태피스트리는 "여기서 해롤드 왕이 죽었으며 잉글랜드인은 등을
돌려 도주했다"고 기록했다. 이 전투 초기에 해롤드의 두 동생 리
오프와인(Leofwine)과 기어트(Gyrth)도 전사했다. 윌리엄의 군대는
2,000여 명, 해롤드의 군대는 4,000여 명이 죽거나 다쳤다. 윌리엄
은 여세를 몰아 런던까지 전진해 그곳에서 잉글랜드 왕위에 오른
다. 1066년 12월 25일 웨스트민스터 사원에서 대관식을 했고,
1071년에는 각지에서 일어난 크고 작은 반란을 모조리 진압해 잉

글랜드 전역을 장악한 뒤 자신에게 충성을 다해온 노르만 기사들에게 봉토를 나눠주어 영주로 삼음으로써 잉글랜드 정복 작업을 끝냈다.

그런데 바이외 태피스트리는 이러한 역사적 사실 외에도 귀족과 노예를 막론하고 중세 잉글랜드 사람들이 즐긴 스포츠 활동을 다채롭게 묘사했다는 점에서 스포츠 문화사나 체육사의 측면에서도 귀중한 자료이다. 양궁, 사냥, 매 사냥, 낚시, 조립게임, 닭싸움, 펜싱, 마상 창 경기, 곰놀리기(bearbaiting: 매 놓은 곰에게 개를 덤비게 한 영국의 옛 구경거리. 현재는 금지되어 있다), 황소 곯리기(bullbaiting: 우리 안에서 개를 부추겨 황소를 물게 하는 옛 영국의 구경거리), 승마, 여러 구기 종목 등 많은 스포츠 활동에 대한 묘사를 통하여 중세 잉글랜드인들의 스포츠 활동을 엿볼 수 있다. 바이외 태피스트리만 봐서는 중세가 체육과 스포츠 온갖 신체활동이 정지된 암흑의 시대였다는 주장에 동의하기 어렵다.

뼈를 놓고 다투는 개와 같았다

농노(農奴, Serf)는 봉건제 사회에서 봉건 영주의 지배를 받으며 생산 활동을 한 피지배 계급을 말한다. 주로 농사에 종사했다. 중세의 농노들은 노예가 아니었다. 그들은 집을 소유했고 농지를 세 내어 경작했다. 대신 영주에게 수확물, 각종 농작물, 봉사와 같은 형태로 토지대여료나 세금을 냈다. 이는 보호에 대한 대가로 생각되었다. 농노들의 농사일은 매우 고됐다. 농업 기술이 발달하지 않아 오랫동안 힘들여 일해도 능률은 떨어졌다. 이들에게도 놀이가 필요했다. 스포츠라는 용어 자체가 여가의 산물이듯이, 중세 농노의 고된 삶 속에서 여가와 스포츠는 무엇과도 바꿀 수 없는 가치를 지녔다.

농노들은 대개 일요일 미사가 끝난 뒤 여러 가지 놀이와 스포츠를 즐겼다. 물론 지역 교회 고위 인사의 허락을 받은 다음의 일이었다. 오월절(五月節: 서양에서 5월 1일에 베풀어오는 봄맞이 축제)이나 성령강림절(聖靈降臨節: 기독교에서 부활절 후 50일 되는 날로, 성령이 강림한 일을 기념한다)과 같은 시기에는 아주 떠들썩했다. 농노들은 농사일을 잠시 쉬면서 여러 날 동안 음식과 술을 엄청나게 먹어대며 놀이와 스포츠를 즐겼다. 이 시기에는 영주를 비롯한 상류층 사람들의 눈치를 보는 일 없이 허리띠를 풀고 흥청대며 놀이와 운동에 몰입하기도 했다. 지나치게 놀이와 운동에 몰입한 나머지 다치거나 죽는 사람도 심심찮게 나왔다.

언제나 사람을 매혹시키는 둥근 물건, 공은 그리스와 로마 시대에 그랬듯 중세에도 사람들의 호기심과 도전정신을 자극했다. 공은 원만한 모양 때문에 늘 친근한 느낌을 주지만 기술이 없으면 잘 다루기 어렵다. 중세의 농노들도 일요일 미사가 끝난 뒤에, 아니면 오월절 축제 기간 중에 열리는 공차기 대회에 대비해서 틈틈이 훈련을 했을지도 모른다. 중세의 구기 경기는 교회와 관공서가 몰린 도심의 광장이나 성 밖의 툭 트인 벌판에서 열렸다. 그런 곳에서 할 수 없을 때는 교회 부지에서 열리기도 했다. 공을 가지고 하는 경기 가운데 '술(soule)'은 매우 인기가 있었다. 이 경기를 하다가 다치는 사람도 수없이 많았다.

술은 현대의 축구 경기와 유사했다. 한 팀을 이루는 구성원이

정해져 있지는 않았다. 속을 꽉 채운 가죽 공을 다투는 경기로서 두 팀은 정해진 두 지점 사이에서 공방전을 벌였다. 경기 도중 사람들은 공을 차지하기 위해 경기장(가끔은 사유지일 때도 있었다)을 엉망진창으로 만들었다. 이 경기에 대해 언급한 문헌들은 대부분 매우 난폭한 경기였다고 기록하였다. 스포츠 문화학자 앨런 거트먼(Allen Guttmann)은 "선수들은 공을 차지하기 위해 전투(戰鬪)를 했다. 그들은 뼈를 놓고 다투는 개들과 같았다"고 표현했다. 스코틀랜드의 국왕 제임스는 술이 선수들에게 유익하지 않고 불구자를 만들 뿐이라고 비판했다.

금지령도 여러 차례 내려졌다. 단지 거칠다는 이유 때문만은 아니지만, 튜더 왕조의 엘리자베스 1세(1558~1603년) 시대에는 1572, 1574, 1584년 등 여러 차례에 걸쳐 축구 금지령이 내려지기도 했다. 경기 방식이 지나치게 거칠었기 때문에 지방에 따라 규칙에 손을 대는 곳도 있었다. 이로 인해 유럽 전역에서 갖가지 방식으로 경기를 하게 되었고 훗날 규칙을 통일할 필요성이 제기되기에 이른다. 그러나 결코 인기가 사라지지는 않았다. 잉글랜드의 축구는 런던에서 유행했다. 12세기 런던의 유명한 작가이자 성직자였던 윌리엄 피츠스티븐(William Fitzstephen)은 『런던의 묘사(Descriptio Nobilissimi Civitatis Londoniae)』에 중세 런던에서 경기를 즐긴 운동선수와 관중의 모습을 생생히 기술했다.

La *soule*, en Basse-Normandie.
D'après un croquis de M. J. L. de Condé.

1852년 노르망디에서 열린 술 경기를 묘사한 스케치

　"저녁식사를 한 다음 도시의 젊은이들은 모두 풋볼(football)이라는 잘 알려진 경기를 하러 나간다. 여러 학교의 학생들은 저마다 공을 가지고 있다. 도시의 상인들은 솜씨 좋은 수공업자들이 만든 자신들의 공을 가지고 있다. 연장자들, 선수들의 아버지, 그리고 부유한 시민들은 젊은이들의 경기를 보기 위해 말을 타고 모여든다. 그 젊은이들과 함께 그들의 방식으로 경기에 참여했는데, 그들의 천성은 엄청난 민첩함, 통제 안 된 젊은이들의 거리낌 없는 유희 의지(!)에 고무되었던 것으로 보인다."

라벤나의 모자이크

라벤나(Ravenna)는 이탈리아 에밀리아로마냐(Emilia-Romagna) 주에 있다. 볼로냐(Bologna)에서 동쪽으로 약 70㎞, 포 강(Fiume Po) 하류에서 운하를 통하여 아드리아 해와 연결된다. 로마시대에는 아드리아 해 북부 해역을 장악한 로마 해군의 기지였고, 비잔틴제국의 시대에는 동서교역의 중심지로서 번영했다. 서로마 황제 플라비우스 호노리우스(Flavius Honorius)는 서기 404년 로마를 떠나 라벤나에 수도를 정했다. 8세기 들어 이탈리아 반도 동해안의 해안선이 바다 쪽으로 후퇴하면서 항구도시로서 기능을 잃자 쇠퇴의 길을 걸었다. 『신곡(神曲, La Divina Commedia)』을 쓴 알리기에리 단테(Dante Alighieri)의 묘가 라벤나에 있다.

라벤나는 기독교의 유산으로 충만한 도시다. 비잔틴제국 시대

143

의 건축(주로 교회 건물)이 많다. 산 비탈레 성당, 갈라 플라키디아 영묘, 네오니안 세례당, 산타 폴리나레 누오보 성당, 아리안 세례당, 아르키에피스코팔 예배당, 테오도리크 영묘, 산타폴리나레 인 클라세 성당 등 라벤나에 들어선 여덟 건축물은 모두 5~6세기의 작품이다. 이 건물들은 그리스 로마 건축의 전통과 기독교의 도상학(iconography)을 동시에 구현하고, 동서양의 양식을 조화시킴으로써 놀라운 건축학적 성취를 이룩하였다. 또한 성당의 내부를 장식한 모자이크는 미술사에 길이 남을 걸작들이다.

이 가운데 산 비탈레 성당(Basilica di San Vitale)은 547년 막시미아누스(Maximianus) 대주교 시대(546~556)에 헌당된 팔각당 형식의 성당이다. 비잔틴제국의 수도(비잔티움·콘스탄티노플, 현재 이스탄불)를 지키는 성 소피아 성당(Aedes Sanctae Sophiae; Ayasofya)보다 작지만 구조는 비슷하다. 비잔틴제국을 점령한 오스만 튀르크(Ottoman Turks; Osmanlı İmparatorluğu)가 성 소피아 성당을 이슬람 사원으로 사용하면서 모자이크 작품이 대부분 사라진 반면 라벤나의 건축물들은 당대의 모자이크 작품을 고스란히 간직하고 있다. 독자가 라벤나를 여행한다면, 산 비탈레 성당의 벽을 장식한 유스티니아누스 1세 황제(Iustinianus I; Ioustinianos I)의 모자이크를 반드시 보기를 권한다.

이 작품의 주인공, 유스티니아누스 황제는 서기 527년부터 565

년까지 비잔틴제국을 통치하면서 비잔틴제국의 강역을 넓히고 제도를 개혁해 1453년까지 이어지는 위대한 역사에 주춧돌을 놓은 인물이다. 그는 성 소피아 성당을 재건하였고, 당연히 산 비탈레 성당의 완공도 지켜보았다. 비잔틴제국의 가장 위대한 황제로서 동방정교회로부터 '대제(大帝)'라는 칭호를 받았다. 모자이크 속의 유스티니아누스 황제는 빵이 담긴 바구니를 든 모습으로, 제국의 관리와 군인, 성직자들을 거느린 채 그리스도에게 예물을 바치고 있다.

산 비탈레 성당의 모자이크

모자이크의 작가는 황제의 모습을 형상화해 나가면서, 신이나 성인을 표시하는 후광을 그려 넣었다. 유스티니아누스 황제는 한 번도 라벤나를 방문한 적이 없다고 한다. 그러나 성당을 찾아가 미사를 드리는 사람들이 가장 잘 볼 수 있는 곳에 자신의 모습을 새김으로써, 백성들로 하여금 자신을 우러러보게 하였다. 유스티니아누스 황제의 눈빛을 보라. 절대자를 향한 순명이 아니라 오만에 가까운 자신감과 굳은 의지가 동공 속에서 이글거린다. 모자이크 속의 황제는 백성들을 굽어보며 복종을 요구하고 있다.

황제와 그 수행원들의 모습은 아주 맵시가 있다. 9등신이나 되는 늘씬한 체격에 눈빛은 하나같이 형형하다. 이들이 입고 있는 예복을 벗기고 밀라노의 부티크에서 맞춘 슈트를 입힌다면 곧 레드 카펫 위를 걷는 배우나 일류 모델과 구분할 수 없게 되었을 것이다. 그러나 떡 벌어진 어깨와 팔뚝에 근육이 빵빵한 몸짱들은 아니다. 윗도리를 들춰 봐도 초콜릿 복근은 볼 수 없을 것이다. 유스티니아누스 황제는 운동을 좋아하지 않았을 것 같다. 그는 성직자들의 생활과 도덕에 각별한 관심을 기울였고, 순수한 삶을 예찬하는 한편 극장과 경기장에는 가지 말라고 했다.

그러나 서로마의 전통인 사륜마차 경주는 비잔틴제국에서도 매우 인기가 있었고, 비잔틴제국의 수도에는 무려 10만 명을 수용하는 대규모 전차 경주장, '히포드롬(Hippodrome)'이 있었다. 오늘날에도 이스탄불에 가면 이 히포드롬을 볼 수 있다. 히포드롬은 성 소피아 성당을 마주 보는 블루 모스크(Blue Mosque; Sultan Ahmet Camii) 건너편에 있으며, 그 주변은 평화로운 공원처럼 아름다운 풍경이 둘러싸고 있다. '차이(Cay)'나 터키식으로 끓인 커피를 마시며 고즈넉이 바라보자면, 정경은 오직 평화만으로 충만했다. 그러나 오늘날 이스탄불을 방문한 관광객들은 서기 532년에 이곳에서 벌어진 끔찍한 살육에 대해 알지 못할 것이다.

니카의 반란

비잔틴 제국을 '동로마 제국'이라고도 부른다. 사실 비잔틴 제국은 중세 그리스의 동로마 문화권을 의미한다. 그러나 동로마인들은 자신들이 사는 곳이 하느님의 은총과 영원한 로마의 위대한 유산을 물려받은 그리스도교 국가라는 자부심으로 충만한 사람들이었다. 그리하여 라틴어를 사용하는 로마와 달리 그리스어를 사용하고, 동방의 제국과 다름없는 중앙집권적 군주제를 채택했지만 자신들의 정체성을 '로마인'으로 인식했다. 비잔틴 제국을 일컬어 '제도 일반에서는 로마적이지만 주민·언어·문화면에서는 그리스적이었으며 강력한 중앙집권 국가 조직을 갖춘 그리스도교와 동방적 색채를 포함한 군주국가'라고 하는 이유다.

비잔틴 제국이 계승한 로마의 정책 가운데 '빵과 서커스(Panem

et Circenses)'가 있다. 빵과 서커스란 로마의 풍자시인 데키무스 유니우스 유베날리스(Decimus Iunius Iuvenalis)가 고대 로마 사회의 세태를 풍자하기 위해 사용한 표현이다. 먹고 사는 문제를 해결해 주고 놀이를 만들어 거기 몰두하게 만들면 국민들은 세상이 돌아가는 일에 관심을 갖지 않게 된다는 것이다. 이 정책은 제5 공화국 시절에 대한민국의 독재정권이 선택한 '3S정책'을 떠올리게 한다. 군사 반란과 쿠데타, 광주 학살을 통해 정권을 탈취한 제5공화국 정부가 국민들의 관심을 스포츠와 엔터테인먼트 쪽으로 돌려서 반정부적인 움직임이나 정치·사회적 이슈 제기를 무력화시킬 목적으로 시행한 우민화 정책이다. '3S'는 스포츠(Sports), 섹스(Sex), 스크린(Screen)의 머리글자를 딴 것이다. 유베날리스는 나중에 스포츠와 연결되어 금언처럼 사용되는 유명한 문구도 남겼다. '건강한 육체에 건강한 정신이 깃든다'. 일본의 스포츠 용품업체 '아식스(ASICS)'는 유베날리스의 라틴어 문구에서 아이디어를 얻어 상호를 만들었다. 'Anima Sana In Corpore Sano'의 머리글자를 모은 것이다. 사실 이 문장은 원래 'Mens Sana In Corpore Sano'이다. 그러나 'Mens'가 정적(靜的)인 정신이라는 의견이 있어 동적(動的)인 정신을 뜻 하는 'Anima'로 바꾸었다고 한다.

거대한 콜로세움, 거기서 열린 검투사 경기는 로마 서커스의 상징과도 같다. 콘스탄티노플, 즉 지금의 이스탄불에 있는 거대한 전차 경주장 히포드롬은 비잔틴 제국의 콜로세움이다. 히포드롬에서 경기가 열릴 때마다 10만 명이나 되는 관중이 괴성을 질러대며 응원했다. 히포드롬은 셉티미우스 세베루스(Septimius Severus) 황제가 세웠다. 콘스탄티누스 1세(Valerius Aurelius Constantinus) 황제가 히포드롬을 확장하면서 황제가 앉는 자리로부터 황궁까지 연결되는 통로를 만들었다. 아마 일반 대중들의 눈에 띄지 않기 위해서였을 것이다. 히포드롬에서 열리는 전차 경주의 인기는 엄청났다. 나중에는 지금으로 치면 클럽이나 구단과 같은, 경주 연합체가 나타났는데 청색팀(Venetii)과 녹색팀(Prasinoi)이다. 콘스탄티노플의 시민들은 청색팀과 녹색팀으로 나뉘어 응원 대결을 했다. 경기가 열리는 날 히포드롬은 녹색과 청색의 바다와 같았다고 한다. 전차와 전차를 모는 기사들도 팀 색깔에 맞춰 장식을 하고 옷을 입었다. 팬들이 자신이 응원하는 팀의 저지를 입거나 팀 고유의 색깔을 선택해 옷을 입는 문화는 오늘날에도 큰 변화가 없다.

콘스탄티노플에서는 도박도 성행했다. 고대의 팬들은 말이 이끄는 레이스에 엄청난 돈을 걸었다. 시간이 지나면서 청색팀과 녹색팀은 거대한 정치 집단으로 성장했다. 처음에는 전차 경기 자체가 논쟁의 대상이었지만 나중에는 정치도 청색팀과 녹색팀의 논쟁거리가 되었다. 청색팀과 녹색팀의 정치적 영향력은 상당했다. 비잔틴 제국의 황제들도 이들의 존재를 의식해야 했다. 터키의 역사학자 메메트 야부즈(Mehmet Yavuz)는 532년에 히포드롬에서 시작된 '니카의 반란(Seditio Nika appellata)'에 대해 썼다. 니카의 반란은 당시 비잔티움 제국에서 일어난 가장 큰 규모의 반란이었다. 이 반란을 진압하면서 비잔티움 제국 황제의 전제권력(專制權力)이 확립되었다.

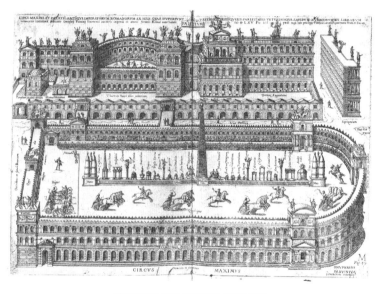

히포드롬에서 열린 전차경주를 묘사한 그림

콘스탄티노플의 살육

스포츠 경기장에 젊은이의 심장만 고동친다고 생각하면 너무 순진하다. 역사는 우리에게 스포츠 경기장을 지배하는 권력과 탐욕과 인간성의 상실에 대하여 말한다. 우리는 냉전 시대의 스포츠에 대해 알고 있다. 메달을 국력과 체제 우월성의 척도로 간주한 시대의 스포츠다. 또 아돌프 히틀러가 1936년 베를린의 올림피아 슈타디온을 한바탕 선전장으로 더럽혔음을 잘 알고 있다. 요즘도 국내외에서 열리는 대형 스포츠 행사에는 예외 없이 정치꾼들이 머리를 들이민다. 올림픽을 유치하기 위해 국가 지도자가 결선 투표장으로 특별기를 타고 날아간다.

콘스탄티노플의 콜로세움, 거대한 전차경주장 히포드롬을 파도처럼 뒤덮은 청색과 녹색의 관중은 스포츠를 응원하는 차원을 넘어 치열하게 대립하는 파벌로 확대되었다. 그들의 영향력은 현대의 정당을 연상케 할 정도로 막강했다고 한다. 청색팀의 주축은 지주와 그리스 로마계 귀족들의 후원을 받는 전통 기독교인들이었다. 반면 녹색팀은 상인, 기술자 등 중간 계층이 주축을 이룬 가운데 종교적으로는 단성론(單性論; Monophysitismus)*에 가까웠다. 두 파벌은 정당처럼 조직을 이루고 지도자를 선출했으며 사병(私兵)까지 거느렸다.

두 파벌은 빈번히 충돌했다. 역사에 기록될 만큼 큰 충돌이 일어난 해는 서기 493년, 501년, 511년이다. 특히 511년에는 황제가 나서야 할 만큼 심각했다. 그러나 532년에 벌어진 참사보다 더 끔찍한 사례는 이전에도 이후에도 없었다. 유스티니아누스 황제는 기어코 손에 피를 묻혀야 했다. 그는 즉위할 때 청색당의 지지를 받은 인물이다. 그러나 황제가 된 다음 권력을 강화해 나가는 과정에서 녹색당과 청색당을 모두 억누르는 정책을 폈다. 532년 1월 10일 콘스탄티노플의 히포드롬에서 전차경기가 열렸을 때는 트리보니아누스와 카파도키아의 요한 등 관리들의 부정부패로 시민들의 불만이 고조된 시기였다. 경기가 끝난 뒤 청색당과 녹색당이 충돌했다. 유스티니아누스 황제는 질서를 회복하기 위해 군대를

---

* 예수는 신성과 인성 모두 갖고 있는 것이 아니라 신성만 있다는 설. 451년 칼케돈 공의회(Concilium Chalcedonense)가 '그리스도는 신성과 인성 두 본성을 모두 가지되 서로 분리되지는 않는다'는 양성론(兩性論)을 바른 교리로 채택함에 따라 이단으로 배척되었다.

투입했는데 이 과정에서 청색당과 녹색당의 지도자가 처형되거나 감금되었다. 두 파벌은 하나가 되어 분노했고, 사흘 뒤 전차경주가 다시 열렸을 때는 성난 군중이 황제를 향해 승리를 의미하는 '니카!'를 외쳤다. 소요가 심하자 황제는 피신했고 경주는 중단되었다. 폭도로 변한 군중은 경기장 밖으로 진출해 감옥을 부수고 관리들의 집을 불태웠다. 이때 화재가 발생해 원로원 의사당, 소피아 성당이 불탔다.

니카의 반란

폭동은 다음날과 그 다음날도 계속되었고 황제는 군중의 요구대로 관리들을 경질했으나 군중은 전임 황제(아나스타시우스 1세; Ana-stasius I)의 조카인 히파티우스(Hypatius)를 황제로 옹립하며 시위를 계속했다. 사태는 걷잡을 수 없이 악화되어 유스티니아누스 황제가 황궁으로 피신해야 할 정도가 되었다. 황제와 측근들은 탈출까지 고려했다. 이때 의지가 철석과도 같은 여장부가 역사에 이름을 남긴다. 황후 테오도라(Theodora). 프로코피우스(Procopius Caesarensis)가 쓴 『전쟁사(戰爭史; Hypèr tōn polémon lógoi)』는 테오도라가 항구에 배를 대고 도망치려는 유스티니아누스 황제에게 한 말을 이렇게 전했다. "폐하께서 목숨을 부지하시기 원하신다면 곤란할 것은 없습니다. 우리에게는 돈도 있고, 눈앞에는 바다가 있고 배도 있습니다. 하지만 생각하소서. 그렇게까지 해서 살아남은 뒤, 과연 '죽는 것보다야 나았다'고 말할 수 있겠습니까? 저는 '자주색 옷(어의)이야말로 가장 고귀한 수의'라는 옛 말이 옳다고 믿습니다."

유스티니아누스 황제와 측근들은 황후의 꾸짖음에 부끄러움을 느꼈다고 한다. 그들은 젊은 장군 벨리사리우스(Flavius Belisarius)와 문두스(Mundus)를 히포드롬으로 보냈다. 두 장군은 은밀하고도 신속하게 군단을 히포드롬으로 몰고 가 경기장 안에서만 약 3만 명을 살해했다. 군중들로부터 얼떨결에 황제로 추대된 히파티우스도 황제 앞에 잡혀왔다. 유스티니아누스 황제는 그가 자신의 의사와 관계없이 황제로 추대되었음을 알기에 용서하려 했다. 그러나 이번에도 황후 테오도라가 반대했다. 한번 권력을 맛본 이상 훗날 반드시 화근이 되리라고 생각한 것이다. 결국 히파티우스도 목숨을 잃었다. 유스티니아누스 황제는 니카의 반란을 진압하고 39일이 지난 뒤 소피아 성당을 복구하기 위한 공사를 시작했다.

테오도라

라벤나로 돌아가자. 아름다운 팔각형 건물, 비잔틴의 위대한 황제 유스티니아누스 1세가 모자이크 작품 속에서 금방이라도 튀어나올 듯 강렬한 눈빛으로 누가 제국의 통치자인지를 거듭 확인하는 산 비탈레 성당의 아치 아래로. 우리는 거기서 또한 지체 높은 한 여인이 '황제의 눈빛'으로 우리를 굽어보고 있음을 감지하게 된다. 테오도라. 비잔틴 제국의 황후로 유스티니아누스 1세의 부인이었으며 비잔틴 제국의 역사를 통틀어 가장 훌륭한 여성으로 꼽힌다. 그녀는 명석하고 정치 감각이 뛰어나 유스티니아누스 황제의 가장 훌륭한 조력자이자 동반자 역할을 했다. 동방정교회에서는 테오도라를 유스티니아누스 1세와 함께 성인(聖人)으로 기린다. 그녀의 축일은 11월 14일이다.

테오도라의 어린 시절에 대해 상세히 알 수 있는 기록은 많지 않다. 그녀의 아버지는 키프로스 사람으로서 콘스탄티노플의 히포드롬에서 곰을 조련해 생계를 꾸렸다고 한다. 테오도라 역시 히포드롬에서 무희 또는 배우로 일했다. 테오도라에 대한 지식은 대개 카이사레이아의 프로코피우스(Procopius; Prokopios)가 남긴 기록에 의존한다. 프로코피우스는 서기 6세기에 활동한 역사가이다. 유스티니아누스 1세 때의 장군 벨리사리우스의 비서관 겸 법률 고문으로서 사산 조 페르시아와의 전쟁, 반달 왕국 정복 전쟁, 동고트 왕국 정복 전쟁을 종군했다. 그가 남긴 『비사(秘史 · Apókryphe Istoría)』는 비잔틴 제국의 뒷이야기를 담고 있다. 그는 여기에서 테오도라에 대해 매우 야박하게 기록하였다.

프로코피우스는 테오도라가 난잡한 매춘부였으며 어린 나이에 펜타폴리스(Pentapolis) 총독 헤케볼루스(Hecebolus)의 정부(情婦)가 되어 아이도 하나 두었다고 적었다. 그녀는 열여섯 살을 전후로 리비아와 알렉산드리아를 떠돌다 콘스탄티노플로 돌아왔는데, 이때 유스티니아누스를 만났다. 당시 유스티니아누스는 유스티누스 1세(Flavius Iustinus)의 조카였다. 테오도라의 매력에 사로잡힌 유스티니아누스는 물불을 가리지 않았다. 삼촌을 움직여 천민과 귀족의 통혼을 허하는 법안을 만들게 하였다. 유스티누스 1세의 황후 에우페미아(Euphemia)와 귀족들의 반대에도 불구하고 혼인법이 개정

됐고, 유스티니아누스는 서기 525년 테오도라와 결혼했다. 유스티니아누스가 527년 황제가 되자 테오도라는 황후로서 '아우구스타(Augusta)'라는 존칭을 받았다.

테오도라

밑바닥에서 황후의 자리까지 오른 테오도라는 유스티니아누스 1세 황제에게 매우 유능한 조력자였다. 유스티니아누스 1세의 치세에 제정된 법령들에는 테오도라의 이름이 빠지지 않고 들어 있다. 그녀는 외국 사절단을 접견하고 외국의 통치자들과 문서를 주고받기도 했다. 보통은 황제가 해야 할 일이었다. 또한 그녀는 비잔틴 제국 여성의 인권 신장을 위해 헌신했다. 소녀 인신매매를 엄단하는 법을 제정하게 하고 이혼법을 여성에게 유리한 방향으로 개정했다. 강간을 사형으로 벌하는 법도 만들게 했다.

테오도라는 위기의 순간마다 황제의 용기를 북돋았지만 나서서는 안 될 자리는 분명히 가렸다. 황제의 소신과 자신의 생각이 일치하지 않을 때는 양보할 줄도 알았다. 무엇보다도 그녀는 강한 여성이었으며 비잔틴 제국의 황후로서 사명감도 투철했다. 그녀가 아니었다면 유스티니아누스 1세 황제의 시대는 니카의 반란 때 히포드롬에서 종막을 고했을지도 모른다. 테오도라는 남편보다 17년 앞서 불꽃과도 같았던 삶을 마감했다. 유방암이었다고 하는데, 확인할 길은 없다. 그녀가 죽은 뒤 유스티니아누스 1세 황제가 서기 565년 세상을 떠날 때까지 비잔틴 제국에서는 법령다운 법령이 제정되지 않았다. 황제와 황후 사이에 후사(後嗣)는 없었다.

이스탄불 구시가지의 한복판, 히포드롬이 버티고 섰던 자리는 한적하고 아름다운 공원이 되었다. 우뚝 선 오벨리스크만이 옛 영화를 말없이 증언한다. 콘스탄티노플의 히포드롬은 청색과 녹색으로 나뉜 비잔틴 사람들의 함성과 니카의 반란을 피로 적신 폭력, 그리고 비천한 여인에서 황후의 자리까지 올라 황제의 파트너로서 제국을 통치한 테오도라의 사랑을 간직한 채 영겁의 침묵 속에 파묻혀 있다. 해가 질 무렵, 소피아 성당 앞 벤치에 앉았노라면 이스탄불의 석양 너머로 "알라후 아크바르(اﷲ اكبر; Allāhu Akbar; 알라는 위대하다)"라는 아잔(Adan · 기도)만이 무연히 번진다.

고대의 F-1 경주

전차(戰車)는 탱크(Tank)다. 제1차 세계대전에서 영국군이 운용한 '마크 원(Mark 1)'을 최초의 전차로 본다. 탱크란 영국 신무기 개발 프로젝트의 이름이었다고 한다. 탱크는 적군이 설치한 철조망과 참호선, 기관총 탄막(彈幕)을 뚫기 위해 개발된 무기다. 그래서 '종심 돌파 장비'라고 한다. 보병의 '돌격 앞으로!'로 대변되는 구식 전투는 거의 고정된 전선에서 공방하는 형태였다. 무수한 희생자를 내면서도 전과란 보잘것없었다. 탱크는 철조망과 참호, 기관총으로 이뤄진 '지옥의 트라이앵글'을 돌파할 유일한 도구였다. 영국의 탱크는 1916년 솜 전투(Battle of the Somme)*에 처음 모습을

---

* 제1차 세계대전 당시 프랑스 동북부의 베르됭(Verdun) 북쪽 솜 강 유역 아라스와 알메르트 사이의 30km에 걸친 전선에서 1916년 7월 1일부터 11월 18일까지 계속된 영국·프랑스 연합군과 독일군의 참호전투다. 연합군 62만(영국군 42만 명·프랑스군 20만 명), 독일군 60만 명 등 120만 명 이상의 사상자를 낸 참혹한 전투로 기록되었

드러냈다. 탱크는 진창 속에서 기대한 만큼 성능을 발휘하지 못했다. 그러나 독일군은 공포에 사로잡혔고, 이때의 경험으로 인해 탱크 개발에 뛰어들었다.

말이 끄는 전투용 수레인 전차는 고대 전장(戰場)의 탱크다. 연구자들은 기원전 3000년쯤 메소포타미아 지방에서 수레를 처음 사용했을 것으로 추정한다. 초기의 전차는 바퀴가 네 개였다. 그러나 통나무를 가로로 자른 투박한 형태여서 전투용으로 실용적이지 못했다. 적군에게 위압감을 주는 심리적 효과 이외에는 기대하기 어려웠다. 그러나 바퀴살을 이용해 경량화에 성공했고, 2,500년쯤엔 전장의 주역으로 떠올랐다. 기원전 2300년쯤엔 이륜전차가 개발됐다. 이륜전차는 고대 오리엔트 세계와 고대 이집트, 고대 중국, 고대 인도 등에서 두루 사용되었다. 전차의 전성기에는 전차의 수가 곧 전력의 척도이기도 했다.

구약성경에 자주 전차가 등장한다. "솔로몬은 전차를 끄는 말을 두는 마구간 사만 칸과 군마 만 이천 필을 가지고 있었다."(열왕기) "전차 한 대의 값은 은 약 6.8kg이었고 말 한 마리의 값은 약 1.7 kg이었다. 이렇게 사들인 말과 전차는 헷 사람의 왕들과 시리아 왕들에게 다시 팔렸다."(역대기) "바람을 가르는 채찍질 소리, 털컹거리는 전차 바퀴 소리, 말은 울부짖고 전차는 치닫는다. (…중략…)

___

다. 첫날 전투에서 58,000여명에 달하는 영국군 사상자(3분의 1이 전사했다)가 나왔다고 한다.

산더미처럼 쌓인 시체가 발에 차인다."(나훔) 중국의 사마천은 『사기(史記)』에서 '성복 전투'(진나라와 초나라의 전투)를 기록하면서 "초나라가 공격해 오자 (진나라의) 문공은 전차 부대를 앞세우고 전차를 이끄는 말에는 호랑이 가죽을 씌웠다"고 썼다.

전차를 타고 다푸르를 공격하는 람세스 2세

전차는 마부와 전투원이 탔다. 전투원은 대개 귀족이었고, 마부는 그의 부하이거나 노예였다. 전투원은 활이나 창칼로 적을 공격했고, 바퀴 축에 칼날을 달아 적에게 심한 상처를 입혔다. 영화 <글래디에이터>에서 막시무스가 검투사들과 함께 '자마 전투(Proelium Zamense)'*를 재현하는 장면에서 칼날을 단 전차가 등장한다. 하지만 고대 평원을 누빈 전차는 점차 기병에게 자리를 내주고 물러난다. 그 이유는 평원 밖에서 벌어지는 전투에 활용하기 어려웠고 유지비용도 많이 들었기 때문이다. 지중해 세계의 챔피언으로 속속 등장하는 그리스와 로마 모두 보병이 군사력의 추축이었다. 기병도 등자가 개발되기 전까지는 보병 전투를 보조하는 역할에 그쳤다.

전장을 떠난 수레는 경기장의 스타로 화려하게 부활한다. 그리스 로마 시기에 걸쳐 전차 경주는 매우 인기 있는 스포츠 종목이었다. 우리는 영화 <벤허(Ben-Hur)>에서 박진감 넘치는 전차 경주 장면을 즐길 수 있다. 콘스탄티노플의 히포드롬에서 열린 경주는 세계적으로 유명하였다. 고대인들은 전차의 스피드에 매료됐다. 훈련된 경주마의 빠르기는 시속 65㎞ 정도라고 한다. 전차를 끌고 달리면 이보다 빠르지 않았을 것이다. 그러나 속도는 상대적이며 속도에 대한 감수성도 시대에 따라 다르다. 우리 음악에서 가장 빠른 휘모리장단도 현대인이 듣기에는 얼마나 느린가. 비잔틴 제국의 수도에서 벌어진 전차 경주는 고대 세계의 포뮬러 원(F-1) 레이스였다. 경마도 재미있었겠지만 전차 경주만큼 장엄하지 않았다. 스포츠가 성공하기 위해서는 형식미(形式美)도 필요했다.

---

* 자마 전투는 기원전 202년 10월 19일 카르타고 남서 지방에 있는 자마(Zama)에서 벌어진 전투이다. 로마 장군 스키피오 아프리카누스(Publius Cornelius Scipio Africanus)가 카르타고의 한니발을 격파해 제2차 포에니 전쟁을 종결지은 전투지만 사실 전차전은 아니었다.

토너먼트의 기원

우리는 중세를 기독교의 시대, 스포츠의 암흑기, 그리고 기사들의 전성기로 인식한다. 기사(騎士)는 말을 타고 싸우는 전사(戰士)에게 주는 명예이거나 거기에서 파생한 계급을 가리킨다. 중세에 기사의 신분은 귀족과 평민의 경계쯤에 있었다. 때로는 '귀족으로 쳐주는' 정도였던 것 같다. 평민 중에서도 기사가 나왔으니까. 기사가 될 소년은 일곱 살쯤 기사수업을 시작했다. 기사(주로 아버지)의 시중을 들며 잡일을 하다가 열두 살 쯤에는 무술과 전투 기술을 익히는 한편 세상 돌아가는 이치를 배우기 위해 자신이 모시는 기사가 속한 영주의 성에 들어갔다. 능력을 인정받아도 금세 기사가 되지는 않았다. 기사로서 갖춰야 할 무구 등 장비를 살 자금이 있어야 했다.

전쟁 기술자로 시작한 기사의 신분이 고귀한 수준으로 고양된 시기는 십자군 전쟁 때였다. 십자군 전쟁은 이슬람 세력에 빼앗긴 기독교의 성지 예루살렘을 탈환하기 위해 유럽 기독교 교회가 주도한 원정 전쟁이다. 서기 1095년 시작되어 1456년까지 361년 동안 계속되었다. 그러나 이 전쟁은 실패로 끝났을 뿐 아니라 유럽 사회에 큰 변화를 초래했는데 기사 계급도 예외는 아니었다. 십자군 운동이 쇠퇴하고 기사들로 이루어진 정예 기병대가 조직화된 대규모 보병 군단에게 참패하는 경우가 빈발했다. 대포가 발달해 영주들의 성이 방어진지로서 가치를 잃고 중앙집권제를 통해 왕권이 강화되는 14~15세기에 걸쳐 기사 제도는 붕괴했다.

기사는 우리에게 '고귀한 남성상'으로 떠오른다. 죽음을 두려워하지 않고 주군에게 충성하며 적에게는 자비가 없지만 숙녀에게는 예의를 잊지 않는 존재다. 왕비나 공주, 주군의 아내를 향하여 거의 맹목적인 사랑을 간직했지만 그 바탕은 순결한 동경 이상도 이하도 아니다. '기사도(騎士道)'는 신사도의 고전으로서 특히 할리우드 고전 영화를 통하여 꾸준히 이미지가 재생산되었다. 영화 <벤허>에서 전차를 몰던 찰톤 헤스톤(Charlton Heston)은 영화 <엘 시드(El Cid)>와 <워 로드(The War Lord)>에 기사로 출연해 뛰어난 연기를 한다. 이런 영화에서 기사를 위협하는 상대는 적군의 장수가 아니라 아름다운 여성이다.

스포츠의 역사에서 기사는 중세 시대에 적극적인 의미에서 스포츠 활동을 한 유일한 계급으로 간주된다. 이들은 싸움을 하는 기술자들이므로 칼과 창, 활 등 무술을 익히고 완력을 키웠을 것이 틀림없다. 소설을 쓰고 번역도 한 이윤기(그가 번역한 『그리스인 조르바』는 그가 세상을 떠난 지금도 많이 팔린다)는 올림픽 같은 데서 하는 스포츠가 대개 '사람 죽이는 기술'이라고 생각했다. 그러나 스포츠의 본성이 놀이(즉 즐거움)에 있고 여가의 산물임을 인식했다면 그도 조금은 너그럽게 스포츠를 대했을 것이다.

마상 창 경기

기사들의 스포츠 가운데 하이라이트는 마상 창 경기(Joust)이다. 전쟁이 없었던 시기에 기사들은 무공을 겨루고 명성을 얻기 위해 전투 훈련과 다름없는 무술경기를 했다. 이 경기를 토너먼트(to-urnament; tournoi)라고 한다. 마상 창 경기는 이 경기들 가운데 하나로, 두 기사가 마주보며 말을 달려 창으로 상대를 쳐서 떨어뜨리는 개인경기였다. 토너먼트라는 명칭은 20세기 들어 운동경기를 하는 특정한 방법을 뜻하는 스포츠 용어가 되었다. 마상 창 경기를 하는 기사들의 창을 랜스(Lance)라고 불렀다. 중세부터 근대까지 주로 유럽의 기병들이 애용한 창이다. 길이는 3.6~4.2m, 무게는 3.5~4kg 정도였다.

마상 창 경기는 그 자체로도 흥미진진했지만 경기를 둘러싼 숱한 에피소드와 독특한 중세의 문화와 어우러져 현대인들을 매혹한다. 중세는 형식미를 존중하는, '폼생폼사'의 시대이기도 했다. 『호모루덴스(Homo Ludens)』를 쓴 요한 하위징아는 그의 또 다른 걸작 『중세의 가을(Herfsttij der Middeleeuwen)』에서 이 '폼생폼사'에 얽힌 이야기보따리를 재미있게 풀어 놓았다.

중세의 가을

나는 『중세의 가을』을 세 권 가지고 있다. 한 권은 문학과 지성
사, 또 한 권은 동서문화사, 나머지 한 권은 크뢰너(Kröner)에서 낸
독일어 판이다. 이 가운데 최홍숙 선생이 번역한 책을 가장 좋아
한다. 좋은 언어를 선택해 써내려간 글은 박진감과 섬세한 아름다
움을 겸비했다. 번역투 문장은 어쩔 수 없지만, 참기 어려울 정도
는 아니다. 책은 이렇게 시작된다.

"세계가 지금보다 5세기 가량 더 젊었을 때, 삶에 일어난 많은
일들은 지금과 현저히 다른 모습과 윤곽을 띠고 있었다. 불행에서
행복까지의 거리도 훨씬 멀게 여겨졌고, 모든 경험은 기쁨과 고통
이 어린 아이의 정신 속에서 갖는 것 같은 그런 즉각적이고도 절
대적인 강도를 띠었다. 매 행동과 매 사건들은 언제나 일정한 의

미를 갖는 형식에 둘러싸여졌고, 또 그 형식들은 거의 의식의 높이에까지 올려졌다."

나는 지금 호모루덴스를 화두로 하위징아와 동행하고 있지만, 그는 15세기 유럽을 다채로운 언어로 설명한 미술사학자이다. 하위징아와 비교할 만한 인물은 스위스 사람 야콥 부르크하르트(Jacob Burckhardt, 1818~1897)이다. 두 사람은 15세기 유럽에 주목했다. 그러나 같은 시기에 대한 이들의 이해는 같지 않다. 부르크하르트는 대표작 『이탈리아 르네상스의 문화(Die Kultur der Renaissance in Italien)』에서 15세기를 '근대의 시작'으로 보았다. 그러나 하위징아는 『중세의 가을』에서 이 시기를 '중세의 절정이자 파국'이라고 이해했다.

부르크하르트와는 훗날을 기약하고 우리 친구 하위징아와 함께 역사의 능선을 좀 더 걸어가 보자. 중세의 스포츠에 대해 말하고자 할 때 기사를 빼놓을 수 없다면, 중세의 절정이자 파국으로 치닫는 이 시기를 상징하는 인물 역시 기사여야 한다. 우리는 이 문제 많은 시기를 장식할 만한 인물을 금세 떠올릴 수 있다. 라만차의 기사, 늙고 깡마른 말 로시난테를 타고 종자 산초 판자를 거느린 채 모험을 찾아 여행길에 오른 사나이. 그렇다. 돈 키호테(Don Quijote), 미겔 데 세르반테스(Miguel de Cervantes, 1547~1616)가 쓴 소설의 주인공이다.

돈 키호테는 기사 소설에 심취한 나머지 '잠은 부족하고 독서량은 많다 보니 뇌수가 말라붙어 판단력을 상실한' 시골 지주 영감 알론소다. 그는 편력기사를 자처하며 여러 소동을 벌이는데 여관을 성으로, 여관주인을 영주님으로, 하녀이자 매춘부인 알돈자를 둘시네아 공주라고 굳게 믿고 그들을 지키기 위해 최선을 다한다. 정의를 위해 싸움을 마다하지 않고 둘시네아 공주를 열렬히 사모하는 돈키호테 — 전형적인 편력 기사의 모습이다.

피카소가 그린 돈 키호테와 산초 판자

기사가 무엇이고 기사도가 무엇이기에 돈 키호테를 그토록 사로잡아버렸을까. 하위징아는 기사도를 설명하기를 "환상과 영웅적 감동에서 나온, 그러나 외관에 있어서는 윤리적 이상을 담당한 하나의 미학적 이상"이라고 했다. 하지만 봉건시대의 기반 가운데 하나로 기능한 기사 계급은 15세기 들어 일종의 유희집단으로 전락한다. 전투와 결투가 아니라 사랑과 정의라는 추상을 좇는 낭만 집단으로 변한 것이다. 변해버린 속성은 기사의 장엄한 결투를 심심찮게 코미디(그러나 선혈이 낭자한)로 둔갑시켰다. '별 기사단'에 소속한 기사 한 무리가 전투를 할 때 절대 2㎞ 이상 후퇴하지 않기로 한 맹세를 지키려다 아홉 명 이상이 목숨을 잃는 일도 벌어졌다.

돈 키호테는 '사랑 없는 편력기사는 잎과 열매가 없는 나무요, 영혼 없는 육체'라고 읊조린다. 기사의 사랑은 늘 아슬아슬하다. 하위징아는 마상 창 경기가 이 시대 기사 문화의 에로티시즘을 드러내는 공간이었음을 놓치지 않았다. "기마 경기의 에로틱한 요소는 기사가 자기가 사모하는 부인의 베일이나 옷을 걸치고 나오는 습관 속에서 분명히 나타난다. 경기의 열기 속에서 여자들은 몸에 걸친 장신구들을 하나씩 벗어 던지고 마침내 경기가 끝나면 머리에 아무것도 걸치지 않은 채 팔과 어깨마저 소매 없이 맨살을 드러낸다."

기사 장 드 보몽은 전투에 임하는 기사도적 맹세를 요청받고 이렇게 '노래'한다. "주막에서 우리가 독한 술들을 마시고 있을 때 / 가녀린 숙녀들이 우릴 쳐다보며 지나가네 / 새하얀 목덜미에 꽉 죄인 동옷을 입고 / 그네들의 다채로운 눈빛은 미소 띠며 아름답게 빛나누나 / 하여 본능은 우리에게 욕망으로 타는 가슴을 갖게 하네 / …그때 우리는 요몽과 아굴랑을 정복하고 / 또 다른 이들은 올리비에와 롤랑을 정복하리" 하지만 기사들의 사랑, 그 에로티시즘은 기사 창 경기에서 온전히 드러난다.

마상 창 경기와 금단의 사랑

어느 귀부인이 자신을 사모하는 기사 세 명에게 쉥즈(Chainse)를 보낸다. 쉥즈는 대개 '속옷'으로 번역되지만 추운 계절에 우리가 장롱에서 꺼내는 내복과는 좀 다르다. 중세 사람들의 옷차림은 지금과 많이 달랐다. 중세 초기에는 로마 시대와 큰 차이가 없었다. 로마 시대의 옷차림, 하면 '토가(Toga)'가 떠오른다. 타원형의 천 조각으로 만든, 헐렁하게 주름을 잡은 로마 시민의 겉옷이다. 중세가 중기로 접어들면 봉건제가 안정되고 영주들에 의해 장원경제가 발달한다. 십자군 전쟁의 영향으로 동방으로부터 염료, 섬유, 직조기술이 들어오고, 모직물 공업이 발전함에 따라 옷차림에도 변화가 일어났다. 신체의 노출을 꺼리는 기독교적 엄격성이 완화되는 현상을 보이면서 몸매를 드러내는 옷차림이 나타났다. 로마

네스크(Romanesque · 11~12세기에서 발달한 기독교 예술 양식) 시대를 거치면서 남성과 여성의 옷차림도 뚜렷이 구분되었다. 프랑크 왕국(Frankenreich)의 후예로 탄생한 프랑스가 이 시대를 통하여 유럽 옷 문화의 중심으로 떠오른다.

중세의 한복판을 살아간 사람들이 입은 옷은 가짓수가 적지 않았다. 먼저 블리오(Bliaud). 중류 이상의 귀족 남녀가 착용한 옷이다. 현대인이 입는 블라우스의 조상이 바로 이 블리오다. 다음은 튜닉(Tunic). 중류 이상의 남녀가 블리오를 입을 때 서민들이 입은 겉옷이다. 단순한 디자인에 품이 넉넉한 원피스 형태로, 허리에는 벨트를 맸다. 남자들은 튜닉 아래에 브레(Braies)라는 바지를 입었다. 그리고 쉥즈는 리넨이나 얇은 울로 만든 속옷의 일종이다. 블리오 안에 입었는데 남녀 공용이었다. 목선 가장자리와 소매 끝을 금실, 은실로 수놓거나 장식을 두르는 등 매우 화려했다. 12세기 들어 귀족들이 비단으로 쉥즈를 만들어 입으면서 더욱 화려해졌다. 이 밖에 코르사주(Corsage; 꽉 끼는 여성용 조끼. 블리오 위에 입었다), 지퐁(Gipon; 남성용 조끼. 십자군 병사가 입었다고 한다), 망토(Manteau) 등이 있었다.

귀부인이 기사들에게 보낸 쉥즈도 매우 화려했을 것이다. 귀부인은 세 기사 가운데 한 사람이 쉥즈를 겉옷 삼아 입고, 갑옷도 걸치지 않은 채 자신의 남편이 여는 마상 창 경기에 출전하라고 했다. 부인의 남편은 아주 고상하고 너그러운 사람이지만 마상 창 경기를 좋아하지는 않았다. 기사 두 사람은 부인의 제안을 거절했다. 그러나 한 기사는 쉥즈를 끌어안고 열렬히 애무한 다음 부인이 원한 대로 위험을 각오하고 마상 창 경기에 출전한다. 이 불쌍한 기사는 크게 다쳤고, 그의 뜨거운 피가 찢어진 쉥즈를 적셨다. 그의 용맹함이 아낌없는 상찬(賞讚)의 대상이 되었음은 물론이다. 그런데 기사는 부인에게 한 가지 보상을 요구한다. 부인에게 피에 젖은 쉥즈를 돌려보내면서, 마상 창 경기의 폐막을 축하하는 연회가 열리는 동안 입고 있으라는 것이다. 부인은 피투성이 쉥즈에 입맞춤한 다음 기사가 원하는 대로 했다. 연회에 참석한 사람들의 비난이 빗발쳤다. 부인의 남편은 수치심을 느꼈다.

이 이야기는 13세기 후반에 나온 파블리오(fabliaux), 「세 기사와 쉥즈(Des trois chevaliers et del chainse)」에 등장한다. 파블리오는 12~13세기에 프랑스에서 유행한, 운문으로 된 짧은 이야기이다. 사전은 파블리오가 '신흥 시민 계급의 조소적이고 풍자적인 정신을 대표하는 것으로, 근대 단편 소설의 시조라고 볼 수 있다'고 정의한다. 아무튼 이 파블리오의 작가는 독자에게 묻는다. "이 두 연인 가운데 누가 상대를 위하여 더 큰 희생을 치렀는가?" 우리는 「세 기사와 쉥즈」를 읽으며 귀부인과 기사가 마상 창 경기의 폐막을 기념하는 연회장에서 뜨거운 시선을 교환하는 장면을 떠올린다. 사실이 경기를 배경으로 간통 사건이 심심찮게 발생했다. 물론 현대에 빈발하는 스타와 팬 사이의 스캔들과는 조금 달랐다. 마상 창 경기를 둘러싼 이러한 분위기는 당시의 기독교 교회로 하여금 이 경기를 부정적으로 보게 만들었다. 하위징아는 "교회의 사법권은 오래 전부터 마상 창 경기를 금하고 있었다"고 썼다.

드라클루아가 그린 기사들의 야외 결투

기사와 로망스

이제 우리는 기사들과 헤어진다. 돈 키호테를 매혹한, 중세를 주름잡은 사나이들과. 서양사에 밝지 않은 사람들도 기사가 누구인지 안다. 신념으로 똘똘 뭉친 사나이, 죽음을 두려워하지 않는 전사(戰士), 악한 자에게는 자비가 없지만 약자에게는 자비로운 정의의 화신이며 귀부인들과 이루어질 수 없는(그러나 뜨거운) 사랑을 나누는 '훈남'. 그러나 실제 기사들은 우리의 상상과 많이 달랐다.

「르네상스인들은 어떤 생각을 했을까」를 쓴 김지혜는 프랑스의 경우를 예로 들어 "거의 모든 기사들은 십자군 원정 동안 가톨릭을 위해 싸우다 전사한 것이 아니라 전장의 '질병과 기아'로 목숨을 잃었다"고 했다. 그가 보기에 "기사의 필수 조건인 귀부인과의 로맨스는 지금의 시각으로 보면 어디까지나 상사의 와이프와 벌인 불륜에 불과"하다. 그는 묻는다. "유부녀와 사랑에 빠지고 갑옷에 허우적거리며 전쟁터에서는 배고픔에 죽어갔던 이 기사라는 집단이, 대체 어디가 낭만적이란 말인가?" 김지혜가 보기에는 기사들의 토너먼트, 마상 창 경기도 문제투성이다. 기사들은 80~100kg이나 되는 갑옷을 입고 안장에 앉는다. 스스로 말에 오르기 어렵기 때문에 기중기도 사용했다. 갑옷은 상대의 창끝으로부터 기사를 완벽하게 보호했다. 기사들의 목숨을 위협하는 것은 낙마(落馬)였다. 100kg나 되는 갑옷을 입은 채 말에서 떨어진 사람이 무사할 리 없다. 그래서 기사들은 안장에 단단히 고정됐다. 민낯이 이랬거늘, 중세의 기사는 어떻게 우리를 매혹했을까?

중세를 주름잡은 기사들의 이야기는 서양에서 소설의 뿌리가 된다.* 기사들의 모험과 승리, 사랑을 묘사하는 영웅담을 소재로 한 환상적 무용담이나 연애담을 뜻하는 로맨스(romance)라는 장르로 남았다. 조승연은 『이야기 인문학』에서 "로맨스란 '로마스럽다(Roma+ance)'라는 뜻"이라고 썼다. 그의 책에 따르면 중세의 공식 언어인 라틴어 중에서 상류층이 사용하는 고전 라틴어가 아닌 평민들의 라틴어를 '로맨스 평민어', 즉 '로맨스 언어'로 불렸으며

---

* 근대 소설을 뜻하는 영어 'Novel'은 중세기 말 이탈리아에서 유행하던 노벨라(이탈리아어: Novella)에서 온 것으로 이 말은 새로운 것, 신기한 것이란 뜻을 담고 있다. 로망스와 달리 노벨라는 데카메론과 같이 현실의 세태를 반영한 이야기가 특징이다. 이상우, 『소설의 이해와 작법』, 한국문학도서관, 2007, 제1장 소설의 기원과 변천.

현재도 로맨스 언어에서 발달한 프랑스어와 스페인어, 이탈리아어 등을 '로맨스 언어'로 분류한다. 로맨스는 영어이고 프랑스어로는 로망스나 로망이다. 일본인들이 이 프랑스어를 음차하여 '낭만(浪漫)'이라고 적었고, 개항 이후 일제강점기를 거치면서 일본의 강한 영향을 받는 우리도 이 용어를 받아들여 사용하고 있다.

일본의 지식인들은 메이지 시대(1868~1912년)를 관통하는 서구 문명 수용 역사에 있어 주목할 사례를 보여주었다. 바로 서구어의 번역(飜譯; translation)이다. 일본이 서양 언어를 번역하는 과정에서 탄생한 '번역어'가 일본의 근대 개념과 어휘의 뼈대가 된다. 우리가 지금 사용하는 '사회', '개인', '연애', '근대', '존재'와 같은 단어들은 이때 자리를 잡은 새로운 어휘들이다. 한국의 서구 문명 수용은 일본의 경험에 의해 걸러진, 다시 말해 일본에 의해 번역된 제2의 서구 문명을 이식(移植)받은 것이라고 볼 수 있다. 번역의 의미는 무엇인가. 한글의 우수한 발음 체계를 이용해 원어를 그대로 표기하면 되지 않는가. 하지만 번역은 단지 등가(等價)의 언어를 찾아내는 작업이 아니다. 그렇기에 『번역과 일본의 근대』를 번역한 임성모는 "번역은 단지 외국의 개념과 사상을 수용하는 지적 행위가 아니라 그 과정에서 이루어지는 타자와 대화를 통해 자기 정체성을 자각하는 문화적 실천"이라고 번역과 문화 정체성에 대한 탁견을 제시하였다.

아무튼 중세의 로맨스는 역사적인 과정을 거쳐 '정서적이고 감정적인'이라는 의미와 '사랑에 관련된'이라는 의미, '비현실적이고 환상적인, 공상적인'이라는 의미를 갖게 되었다. 김지혜는 로맨스 속의 기사가 실제보다 매우 과장되었고, "기사도 문학에 빠진 사람들은 여기에 묘사된 기사와 기사도의 모습을 마치 실제와 유사한 것처럼 착각하고 그에 흠뻑 취해 있었다"고 설명했다. 그가 보기에 세르반테스가 『돈 키호테』를 쓴 이유는 이런 우스꽝스런 세태를 비판하고, 사람들에게 중세와는 다른 새로운 시대를 알려주기 위해서였다. 즉, 르네상스 시대다.

귀부인으로부터 투구를 선물받는 기사 콘라트 경.
『코덱스 마네세』에 실린 14세기 삽화.
하이델베르크대학교 소장

르네상스, 몸짱 시대의 컴백

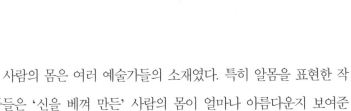

사람의 몸은 여러 예술가들의 소재였다. 특히 알몸을 표현한 작품들은 '신을 베껴 만든' 사람의 몸이 얼마나 아름다운지 보여준다. 알몸을 새긴 조각품 가운데 남성으로는 <다비드(David)>, 여성으로는 <비너스>가 유명하다. 다비드는 미켈란젤로 부오나로티(Michelangelo Buonarroti)의 작품이고, 흔히 <밀로의 비너스(Venus de Milo)>로 알려진 여성상을 만든 사람은 '안티오키아의 한 조각가'로만 알려졌다.

다비드는 성경 속의 이스라엘 왕, 곧 다윗이다. 미켈란젤로는 1501년 9월 13일 이탈리아의 피렌체에서 다비드 상을 조각하기 시작했다. 원래 다른 조각가들이 두들기다 내버려두어 25년 동안이나 방치된 대리석 덩어리는 스물여섯 청년의 손에 의해 높이가

5.17m에 달하는 거대한 누드상으로 완성되었다. 피렌체의 용기를 상징하는 작품으로서 피렌체 공화국 시청사 입구에 세웠지만 현재는 피렌체 갤러리아 델 아카데미아(Galleria dell'Accademia)에서 소장했다.

다비드 상은 아름다우면서도 위엄이 넘치고, 보기에 따라서는 호전적이다. 그런데 이 작품을 사진으로 보면 약간 불편하다. 그이유는 독특한 비율 때문이다. 미켈란젤로의 시대에 인체를 아름답게 보이는 황금비율은 7.5등신이었다. 그러나 다비드 상은 거의 4등신으로서 '가분수'다. 왼팔과 오른팔의 크기도 다르고, 손은 지나칠 정도로 크다. 하지만 다비드 상을 그 높이만큼 떨어진 곳에서 바라보면 거의 정확하게 7.5등신으로 보인다. 미켈란젤로는 이같은 효과를 염두에 두고 조각했을 것이다.

미켈란젤로의 비율감각은 우리를 놀라게 한다. 그러나 한국인이라면 그리 놀랄 일도 아니다. 서기 735년에 조성한 경주 석굴암의 본존불은 1,300년 전 신라인들의 놀라운 미의식과 균형 감각을 확인해준다. 『석굴암과 불국사』를 쓴 이충시에 따르면 본존불의 얼굴 너비는 당시 사용한 단위로 2.2자, 가슴 폭은 4.4자, 어깨 폭은 6.6자, 양 무릎의 너비는 8.8자로 얼굴:가슴:어깨:무릎의 비가 1:2:3:4다. 여기서 기준이 된 1.1자는 본존불 높이의 10분의 1이다. 이 비율은 헬레니즘 시대의 인물인 비트루비우스(Marcus Vitruvius)가 그의 저서 『건축십서(De achitectura)』에서 설명한 '균제비례(Symmetry)'의 원리를 정확히 구현한다.

나는 다비드 상에 흐르는 미의식이나 미켈란젤로의 절묘한 비율 감각에 감탄하기에 앞서 이 조각의 몸매에 감탄한다. 미켈란젤로는 다비드 상을 조각할 때 필시 이상적인 모델을 염두에 두었을 것이다. 다비드 상의 모델은 한마디로 '몸짱'이다. 몸이 구석구석 잘 발달했고 군살이 전혀 없다. 건장하면서도 매끄럽고, 강인하면서도 섬세한 아름다움을 온전히 드러낸다. 미켈란젤로는 피렌체에서 다비드 상을 조각하기 전, 로마에 머무르면서 헬레니즘 시대의 조각 작품들을 보고 매료됐다고 한다. 미켈란젤로가 웅장한 규모와 이상적인 아름다움, 또한 에너지로 충만한 듯 꿈틀거리는 양감으로 성경 속의 다윗을 형상화한 배경에 이렇듯 그리스 로마의 조각 작품이 제공한 영감이 있다. 미켈란젤로를 매혹한 이 강렬한 아름다움은 중세에는 맛보기 어려웠다. 그리스 로마의 아름다움은 미켈란젤로의 예술 양식에 흡수됐고, 르네상스 미술에 큰 영향을 준다.

르네상스(Renaissance)란 유럽에서 14~16세기에 일어난 문예부흥 운동이다. 문예부흥이란 구체적으로 14세기에서 시작하여 16세기 말에 유럽에서 일어난 문화, 예술 전반에 걸친 고대 그리스와 로마 문명의 재인식과 재수용이다. 유럽의 중세는 르네상스의 시작과 더불어 종언을 고했고, 르네상스라는 관문을 거쳐 근세로 접어든다. 르네상스 시대의 미술 작품에서 보는 멋진 몸매는 그리스 로마 시대의 몸이며, 위대한 신을 본보기로 삼은 인간의 지향점을 표현했다. 그리스 로마의 다신교에서도 인간은 신의 창조물이자 복제품이었다. 그러므로 신체를 단련하여 아름다운 육체를 가꾸는 일은 신을 기쁘게 하는 일이었다. 예컨대 올림피아 제전은 잘 가꾼 신체를 신들에게 바치는 희생제였던 것이다. 그리스 로마의 컴백, 르네상스는 그러므로 '몸짱의 시대'를 다시 열었다.

다비드

신은 몸짱이다

신화의 세계에서 인간은 '발생(發生)한 생명체'가 아니다. 창조(創造)된 생명체로서 '신의 숨결'을 간직하고 있다. 헤시오도스(Hēsíodos)는 기원전 750년경 서사시 「신들의 계보(Theogonía)」*에서 프로메테우스(Prometheus)가 인간을 창조했다고 썼다. 프로메테우스는 혼돈으로부터 막 분리된 흙을 반죽하여 인간을 '신의 형상과 같이' 만들었다. 그는 인간을 꼿꼿이 세워 땅을 내려다보며 살아가는 다른 동물과 달리 고개를 쳐들고 밤하늘의 뭇별을 바라보게 했다. 프로메테우스가 만든 신의 형상에 숨결을 불어넣은 생명의 어머니는 여신 아테나(Athena)이다. 그러니까 인간은 신과 함께, 신의 호흡으로 나날을 살아간다. 인간의 최후는 물리적인 신성(神聖)으

---

* 흔히 '신통기(神統記, Theogony)'라고도 한다.

로부터 떨어져 나와 영적인 신성을 향해 나아가는 여정이다.

흙을 빚어 인간을 만들고 숨을 불어 넣어 생명을 부여하는 행위는 자연스럽게 『성경(聖經; Bible)』을 떠올리게 한다. 「창세기(創世記; Genesis)」는 인간 창조의 과정을 이렇게 적었다. "마침 땅에서 물이 솟아 온 땅을 적시자 야훼 하느님께서 진흙으로 사람을 빚어 만드시고 코에 입김을 불어 넣으시니, 사람이 되어 숨을 쉬었다." 이때 만든 사람은 아담으로, 남성이다. 그런데 「창세기」는 '하느님'이 '당신의 모습대로 사람을 지어내셨다.'라고 적었다. 프로메테우스가 신의 형상과 같이 인간을 만들었다는 신화와 같은 맥락이다. 「창세기」는 여성을 창조하는 장면도 보여준다. '하느님'은 "아담이 혼자 있는 것이 좋지 않으니, 그의 일을 거들 짝을 만들어주리라"며 아담을 깊이 잠들게 한 다음 그의 갈빗대를 하나 뽑아 그 갈빗대로 여자를 만들어 아담에게 데려갔다. 아담은 "내 뼈에서 나온 뼈요, 내 살에서 나온 살이로구나"라며 기뻐한다.

르네상스 시대의 슈퍼스타 미켈란젤로는 신이 인간을 창조하는 장면도 그렸다. 바티칸(Vatican)에 있는 시스티나 성당(Cappella Sistina; Aedicula Sixtina)의 천장은 그가 그린 프레스코화로 장식되었다. 41.2 ×13.2m 크기의 웅대한 프레스코화로서 '천지창조', '인간의 타락', '노아 이야기' 등 구약의 내용을 소재로 그렸다. '프레스코(Fresco)'란 막 바른 젖은 회벽 위에 물감으로 그림을 그리는 기법이다. 천

장화는 성당 입구부터 '술에 취한 노아', '대홍수', '노아의 희생', '아담과 이브의 원죄와 낙원 추방', '이브의 창조', '아담의 창조', '땅과 물의 분리', '해와 달과 지구의 창조', '빛과 어둠의 창조' 순으로 이어진다. 이 중 '아담의 창조'는 '하느님'이 아담에게 생명을 불어넣는 순간을 다뤘다. 아담은 손을 뻗쳐 창조주로부터 막 생명을 부여받고 있다. '하느님'과 아담의 손끝이 맞닿기 직전이다.

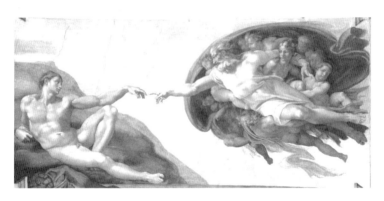

미켈란젤로가 그린 〈아담의 창조〉

아담의 몸을 보라. 굵직한 골격과 잘 발달한 근육은 종합격투기 대회에 출전하려는 헤비급 선수처럼 강인해 보인다. 백발로 인하여 노인의 이미지로 표현한 창조주 역시 옷감에 가리기는 했지만 드러난 팔다리만 관찰해도 보통 몸이 아니라는 사실을 알 수 있다. 천지를 창조하느라 중노동을 해도(실제로는 "빛이 있으라!" 식으로 말로 다 해결했지만) 이런 몸을 만들 수는 없다. 운동을 통하여 고르게 단련해야 균형 잡힌 근육질 몸을 만들 수 있다. 미켈란젤로의 그림이나 조각 작품에 등장하는 인물은 하나같이 근육질이다. 심지어는 여성들도 어깨와 등의 근육이 터져 나갈 듯 꿈틀거린다. 그의 그림에 등장하는 여성들은 발달한 근육과 더불어 남성의 특징인 긴 허벅지를 보여주기에, 실제로는 남성 모델을 보고 그렸으리라 추정하기도 한다. 왜 그가 남성 모델을 사용했는지는 알 수 없다. 르네상스 시대에는 여성 모델들이 많지 않았기 때문으로 추측할 수 있지만 미켈란젤로의 성적 정체성이나 취향과 관계가 있을 것으로 추측하는 학자도 있다.

르네상스 시대의 남성 모델이 그토록 웅장한 체격을 지녔다면 그들이 어떤 운동을 통하여 신체를 단련했을지 궁금해진다. 이 시대에 활동한 주요 인문주의 교육자들은 대부분 청소년 체육을 중요하게 생각했다. 페트루스 파울루스 베르게리우스(Petrus Paulus Vergerius)는 체육을 교육과정의 일부로 삼고 그리스 5종 경기(단거리 달리기, 멀리뛰기, 원반던지기, 창던지기, 레슬링)와 수영, 승마 등을 가르치게 했다. 비토리노 다 펠트레(Vittorino da Feltre)는 학생들에게 승마, 달리기, 펜싱, 구기를 포함한 육체활동을 매일 두 시간 이상 참여하도록 했다. 아에니아스 실비오 피콜로미니(Aeneas Silvio Piccolo-

mini)는 근육을 발달시킬 수 있는 경기와 운동을 강조했고 발다사
레 카스틸리오네(Baldassarre Castiglione)는 수영, 달리기, 투석과 테니
스를 권장했다.

축구선수 같은 놈

"You base football player."

영어를 잘하는 당신이라면 어떻게 번역을 하겠는가. 이 문장은 윌리엄 셰익스피어(William Shakespeare)의 비극, 『리어 왕(King Lear)』에 등장하는 대사다. 1막의 4장. 리어왕의 충신(忠臣) 켄트 백작(Earl of Kent)이 무례한 하인 오스왈드(Oswald)를 넘어뜨리며 이 대사를 한다. '축구선수(football player)'라는 말이 어렵다. 번역가들은 보통 "축구나 하는 이 천한 놈아"라고 번역한다. 아무튼 욕이다. 아무리 점잖은 백작이지만 머리끝까지 화가 나서 뱉은 욕이므로 그가 생각해낼 수 있는 가장 심한 욕이었을 것이다. 그런데 왜 하필 축구선수일까?

셰익스피어의 작품은 사후에 헨리 콘델(Henry Condell)과 존 헤밍

(John Heminges)이 대부분 정리했다. 그것이 퍼스트 폴리오(first folio)*

판이다. 셰익스피어는 2,035개의 단어를 '만들어' 사용했는데 『햄

릿(Hamlet)』에서만 약 600개나 된다. 셰익스피어가 만든 단어 가운

데 800여 개는 아직도 사용된다. 셰익스피어는 상업 작가로서 흥

행을 위해 연극 대본을 썼다. 그가 만든 단어는 그 시대의 보통

사람들이 저자에서 사용하던 말이었을지 모른다. 1608년 발표된

『리어왕』에 쓰인 '축구선수'는 거칠고 상스러운 인물을 뜻했으리

라. 물론 오늘날 축구선수란 욕이 아니라 돈과 명성의 다른 이름

이다.

---

* 2014년 11월 26일 AFP통신은 1623년에 출간된 '퍼스트 폴리오(First Folio)'가 프랑스 북부의 옛 항구에 있는 도서관에서 발견됐다고 보도했다. 사서인 레미 코르도니에는 프랑스 북부 칼레에 가까운 생토메르의 도서관에서 영문학 관련 전시회 준비를 하던 중 우연히 18세기에 만들어진 이 책을 찾아냈다고 한다. 코르도니에는 "확인되지 않은 '퍼스트 폴리오'일지도 모른다는 직감이 들었다. 진짜라면 역사적인 중요성과 지적 재산으로 높은 가치가 있는 것"이라고 했다. 그는 "거의 18세기 무렵부터 우리 도서 목록에 잘못 분류된 채 보관돼 있었다"며 "처음 발견했을 때는 낡고 손상된 부분이 많아 이 책의 가치를 못 알아봤다"고 했다. 전체 300쪽 중 30쪽 가량이 손실된 상태였고 표제도 붙어있지 않았기 때문이다. 그는 퍼스트 폴리오 전문가인 미국 네바다대학의 에릭 라스무센 교수에게 감별을 문의하는 이메일을 보냈고, 마침 영국에 있던 라스무센 교수가 프랑스로 건너가 진품임을 확인했다. 라스무센 교수는 22일 이 책이 실제로 셰익스피어가 사망한 지 7년 뒤인 1623년 출판된 것이라며 도서관 측에 보증서를 전달했다. 라스무센 교수는 이 책의 특징으로 워터마크가 사용되고 있는 종이나 나중에 출판된 것으로 정정된 것, 오타가 남아 있던 것으로부터 "곧 진짜임이 밝혀졌다"고 말했다. 셰익스피어의 생전에 출판되지 않았던 『맥베스(Macbeth)』나 『줄리어스 시저(Julius Caesar)』 등 셰익스피어 연극의 절반은 퍼스트 폴리오에만 남아 있다. 라스무센 교수는 퍼스트 폴리오는 점차 '숭배'의 대상이 돼, 19세기에 들어서는 초부유층이 절대적으로 소유하고 싶어 하는 소장품 중 하나가 됐다고 설명했다. 2006년에는 미국 마이크로소프트(MS)의 공동 창업자 폴 앨런이 퍼스트 폴리오 한 권을 600만 달러에 사들이기도 했다.

셰익스피어

옥스퍼드(Oxford)의 보들리언 도서관(Bodleian Library)이 소장한 책은 1605년 약 6,000권이었다고 한다. 이 가운데 영어로 쓴 책은 서른여섯 권에 불과했다. 셰익스피어와 동시대에 활동한 극작가 벤 존슨(Ben Jonson)은 셰익스피어를 두고 "라틴어는 조금밖에 모르고 그리스어는 더욱 모르는(small Latin and less Greek) 촌뜨기"라고 헐뜯었다. 하지만 오늘날 그린은 '대학을 나온 재주꾼(University Wits)' 정도로 취급되지만 셰익스피어는 '대가(Master)'로 불린다. 상징적인 언급이 있다. 셰익스피어 연구자 스탠리 웰스(Stanley William Wells)는 "셰익스피어의 출생 기록은 라틴어로 돼 있지만 사망 기록은 영어로 돼 있다"고 했다. 셰익스피어는 사후에 성 트리니티 교회에 안장되었다. 그의 흉상 아래 이런 문구를 새겼다. "판단은 네스터와 같고 천재는 소크라테스와 같고 예술은 버질과 같은 사람. 대지는 그를 덮고 사람들은 통곡하고 올림푸스는 그를 소유한 다(IVDICIO PYLIUM, GENIO SOCRATEM, ARTE MARONEM, TERRA TEGIT, POPULUS MÆRET, OLYMPUS HABET)."

셰익스피어는 르네상스의 세례를 받은 인물이다. 르네상스 시대는 도시의 시대였다. 도시들은 자유롭게 교역했다. 그럼으로써 르네상스는 유럽을 가슴에 품었다. 셰익스피어 작품의 배경은 상당수가 르네상스 시대의 도시다. 『베니스의 상인(The Merchant of Venice)』, 『베로나의 두 신사(The Two Gentlemen of Verona)』는 제목에 이탈리아의 도시가 등장한다. 『로미오와 줄리엣(Romeo and Juliet)』은 베로나, 『말괄량이 길들이기(The Taming of the Shrew)』는 파도바(Padova), 『오셀로(The Tragedy of Othello, the Moor of Venice)』는 베니스(베네치아, Venezia)가 배경이다. 『끝이 좋으면 다 좋아(All's Well That Ends Well)』의 배경이 되는 피렌체(Firenze)도 있다. 피렌체는 니콜로 마키아벨리(Niccolò Machiavelli)의 도시이고, 단테 알리기에리는 이곳 방언을 사용하여 『신곡(神曲 · La divina commedia)』을 썼다.

『셰익스피어의 이탈리아 기행(The Shakespeare Guide to Italy)』을 쓴 리처드 폴 로(Richard Paul Roe)는 셰익스피어(그가 실존 인물이 아니라는 주장도 있다. 그래서 로는 책에서 '작가'라고 쓰기도 했다)가 틀림없이 이탈리아를 여행했으리라고 생각했다. 그는 "셰익스피어의 희곡에 등장하는 이탈리아의 장소와 문화에 대한 언급은 매우 독특하고 구체적"이라며 "셰익스피어가 이탈리아에 대한 지식을 현장에서 얻었음을 증명하고도 남는다"고 했다. 그렇다면 『리어 왕』에 등장하는 축구는 난폭하기 짝이 없는 그 당시 이탈리아의 축구일 가능성도 없지 않다. 격투기와 다름없는 살벌한 육탄 축구, 셰익스피어도 혀를 내둘렀을 이 축구는 르네상스 시대 피렌체의 명물이었다.

1555년부터 피렌체 귀족들의 후원을 받은 구기 경기가 있다. 이 경기를 칼치오 피오렌티노(Calcio Fiorentino · 이하 칼치오)라고 한다. 피렌체의 지배자 피에로 데 메디치(Piero 'Il Gotosso' di Cosimo de Medici)는 칼치오를 얼마나 좋아했던지 국정을 소홀히 했을 정도였다. 칼치오는 1530년 2월 17일 역사에 선명한 기록을 남긴다. 신성로마제국(Sacrum Romanum Imperium)의 황제 카를 5세(Karl V)가 피렌체를 포위했을 때, 시민들은 산타 크로체 광장(Piazza Santa Croce)에서 칼치오를 했다. 상품으로 암소를 걸었다. 적이 지켜보는 가운데 피렌체의 패기와 자신감을 과시하기 위해 벌인 운동판이 어땠을지 짐작하고도 남음이 있다. 이 날 이후 칼치오는 피렌체의 축제에서 빠진 적이 없다. 요즘도 피렌체에서는 매년 6월 셋째 주에 칼치오 피오렌티노 경기가 열린다.

색깔로 너희를 구분하리니

우리는 '빨갱이'가 무슨 뜻인지 잘 안다. 색깔은 인간이 지각하는 강한 자극 가운데 하나로서 사람에게 사용하면 강력한 낙인효과를 발휘한다. 너대니얼 호손(Nathaniel Hawthorne)의 『주홍글씨(The Scarlet Letter)』가 좋은 예다. 초등학교 운동회가 열리는 운동장에서 어린이들은 '청군' 아니면 '백군'에 속한다. 대한민국 축구 대표팀은 '태극전사'와 함께 '붉은악마'라고도 부른다. 국제축구연맹(FIFA)의 홈페이지도 우리 대표팀을 'Taegeuk Warriors'와 'the Red Devils' 두 가지로 부른다. 우리는 비잔틴제국의 수도 콘스탄티노플에서 시민들의 가슴에 불을 지른 전차경주에 대해 이야기하면서 관중이 청색과 녹색 팀으로 나뉘어 응원했으며 이들이 정치 집단화했다는 사실을 알았다. 두 집단의 충돌이 정치상황과 맞물려

니카의 반란으로 번졌음도 확인했다.

신성로마제국의 황제 카를 5세가 포위한 피렌체의 산타 크로체 광장에서 도시의 힘과 용기를 과시하기 위해 열린 칼치오 피오렌티노 역시 스포츠의 숙명과도 같은 색과 선의 인연을 떨쳐버리지 못했다. 후기 르네상스 시대의 화가 지오바니 스트라다노(Giovanni Stradano)가 그린 <축구 경기(Gioco di Calcio)>는 서기 1562년에서 1572년 사이에 피렌체의 산타 마리아 노벨라 광장(Piazza Santa Maria Novella)에서 열린 칼치오를 보여준다. 그림 속에서 선수들은 붉은색과 노란색(또는 연두색)으로 구분된 옷을 입고 격돌한다. 현대에 재현되는 칼치오 경기에서도 참가 선수들은 서로 다른 색으로 정체성을 드러낸다. 현대 칼치오에 출전하는 네 팀은 피렌체의 특정 지역을 대표한다. 로쏘(Rosso·빨강)는 산타 마리아 노벨라, 비앙코(Bianco·흰색)는 산토 스피리토, 아주로(Azzurro·파랑)는 산타 크로체, 베르데(Verde·녹색)는 산 지오반니 팀이다.

칼치오 경기 규칙은 이렇다. 경기 시간은 50분, 경기장은 모래가 깔린 길이 80~100m의 직사각형이다. 한 팀은 스물일곱 명으로 구성되고 보통 골키퍼 네 명, 풀백 세 명, 하프백 다섯 명, 포워드 열두 명이 진용을 짠다. 주심은 한 명이고 선심은 여섯 명이다. 상대팀 엔드라인을 따라 설치된 높이 1m 남짓한 골에 공을 넣으면 득점이 인정된다. 경기는 거칠기가 짝이 없어서 격투기를 방불할 정도다. 주먹을 상대 선수 얼굴에 날리기는 예사. 급기야 몇몇 선수는 모래바닥에 나뒹굴고, 그 결과 장정들이 득실거리던 경기장이 한산하다 싶을 즈음 본격적인 공방전에 불이 붙는다. 난장 싸움판 같은 경기지만 엄격하게 금하는 행동도 있다. 사나이의 심벌이나 머리에 발길질을 해서는 안 된다. 그러나 그런 반칙을 하지 않아도 경기가 끝난 뒤에는 너나없이 만신창이가 된다. 이긴 팀에 주는 상품은 키아니나 소(Chianina牛)다.

오늘날 피렌체는 이탈리아 축구의 중심이 아니다. 이탈리아는 FIFA월드컵에서 네 차례(1934, 1938, 1982, 2006년)나 우승한 축구강국으로, 세리에 A라는 굴지의 프로축구 리그를 운영한다. 이 리그의 중심 클럽은 통산 31회 우승에 빛나는 토리노(Torino)의 유벤투스(Juventus)와 각각 열여덟 번 우승한 밀라노(Milano)의 라이벌 AC밀란과 인테르 밀란이다.* 밀라노의 두 클럽은 한 도시를 연고로 한 두 클럽이 모두 한 차례 이상 유럽축구연맹(UEFA)의 챔피언스 리그를 제패한 드문 기록을 보유했다. AC밀란은 일곱 번, 인테르 밀란은 세 번 챔피언스 리그에서 우승했다. 인테르는 1908년 3월 9일에 AC밀란에서 떨어져 나온 팀이다. 이탈리아인과 영국인만을 받는 AC밀란의 선수 영입 정책에 반대하여 모든 외국인들에게 문호를 개방하는 클럽을 만들었다. 인테르는 인테르나치오날레

---

* 2015년 6월 30일 현재.

(Internazionale)의 줄임으로 '국제'를 뜻하는 이탈리아어다. 두 팀은 스타디오 주세페 메아차(Stadio Giuseppe Meazza)*를 공유하며, 두 팀의 라이벌전은 데르비 델라 마돈니나(Derby della Madonnina)라고 부른다. 두 클럽을 한눈에 구분하는 표식도 색깔이다. AC밀란은 빨강과 검정 세로줄, 인테르 밀란은 파랑과 검정 세로줄 경기복을 입는다.

지오바니 스트라다노가 그린 〈칼치오 피오렌티노〉

---

* '산시로(San Siro)'라고도 한다.

비트루비우스적 인간

빈치(Vinci)는 피렌체에서 서쪽으로 약 30㎞ 떨어진 곳에 있다. 이탈리아 토스카나(Toscana) 지방에 있는 작은 마을로 자료(comuni-italiani.it)에 따르면 넓이는 54㎢, 인구는 2014년 현재 1만4,296명이다. 1452년 4월 15일 새벽 3시, 빈치에서 이탈리아 르네상스를 대표하는 슈퍼스타, 레오나르도 다 빈치(Leonardo da Vinci)가 태어난다. 온전한 이름은 레오나르도 디 세르 피에로 다 빈치(Leonardo di ser Piero da Vinci)이다.

동서양을 막론하고 '3'은 완전함과 성스러움을 함께 갖춘 숫자로 받아들여진다. 기독교의 삼위일체(三位一體·Trinity), 고대 동양 설화에 등장하는 삼족오(三足烏)를 떠올리면 이해가 쉽다. 삼족오는 태양을 상징하는 세 발 달린 상상의 새다. 중국의 기록 여러 곳에 등장하며 진파리 1호분, 덕화리 1호분 등 고구려 고분벽화에서도 볼 수 있다. 아시안컵이 열리는 요즘, 일본의 축구 대표팀은 삼족오를 새긴 문장을 가슴에 달고 뛴다.

나는 일본축구협회가 삼족오를 문장으로 채택했다는 말을 듣고 몹시 아쉬웠다. 삼족오는 고구려의 기상을 담은 캐릭터로, 아시아 축구의 맹주를 자처하는 우리 대표팀에 딱 어울린다고 생각했기 때문이다. 주몽(朱蒙)이 부여를 탈출할 때 엄수에 이르러 길이 끊기자 "나는 하늘의 아들이요 하백(河伯)의 손자다!"라고 외치니 물고기와 자라가 다리를 만들어 주었다고 했다. 그러나 나의 바람과 달리, 대표팀은 우리 민족이 사랑한 호랑이 문장을 사용하게 되었다.

아무튼 숫자 3은 고래로 완전함과 숭고함, 또한 뛰어남을 의미한다. 그래서 한 시대를 대표하는 인물을 꼽을 때도 셋으로 압축하는 경우가 많다. 빈 고전악파(요제프 하이든-볼프강 아마데우스 모차르트-루드비히 반 베토벤) 식이다. 이탈리아 르네상스는 미켈란젤로, 라파엘로 산치오(Raffaello Sanzio)와 더불어 레오나르도 다 빈치를 3대 천재로 꼽는다.

다 빈치는 화가, 조각가, 건축가, 기술자, 해부학자, 식물학자, 도시 계획가, 천문학자, 지리학자, 음악가였고 또한 발명가였다. 그가 발명한(스케치 수준이었지만) 기관총이나 비행도구 등은 현대에 이르러 실제 제작해 구동해본 결과 기대 이상의 성능을 발휘했다고 한다. 그는 호기심이 충만할 뿐 아니라 창조적인 인간이었으며, 또한 실험을 두려워하지 않았다. 또한 스케치의 천재였다.

체육을 연구하는 학자라면 다 빈치가 그린 <비트루비우스적 인간(Uomo vitruviano)>을 외면할 수 없을 것이다. 흔히 '인체 비례도'로 불리는 이 그림은 다 빈치가 1490년쯤 그린 소묘다. 고대 로마의 건축가 비트루비우스가 쓴 『건축 10서(De architectura)』 3장, 「신전 건축」편에 나오는 "성스러운 신전의 비례는 이상적인 인체의 비례를 따라야 하며, 사람을 원과 정사각형 안에 꼭 맞게 들어가도록 그릴 수 있다"는 대목에 착상해 이 그림을 그렸다. 그러나 다 빈치는 인체 비례론을 그대로 받아들이지 않고 실제로 사람을 대상으로 눈금자로 측정해가면서 그 결과를 적었다.

다 빈치의 그림이 당대의 감상자들을 열광시킨 비결은 전례 없는 입체감과 생동감이었다. 다 빈치는 그림을 '연극'처럼 표현한 최초의 화가였다. 그의 그림 속 인물들은 다양한 몸짓을 보여주었다. 이 시대에 이르러 인간은 관찰의 대상이 되며 다 빈치가 남긴 수많은 인물과 인체 스케치는 예술이 과학과 조우하는 현장을 보여준다. 인간에 대한 다 빈치의 과학적 이해가 예술로 구현된 것이다.*

---

* 그래서인지 레오나르도 다 빈치의 그림이나 조각 작품에 등장하는 인물은 육체미 선수 같은 몸짱과 다소 거리가 있다. 근육이 터질 듯 발달하고 철철 넘치는 힘을 느끼

비트루비우스적 인간

피렌체에는 세계에서 가장 오래된 병원이 있다. 산타 마리아 누오바 병원(Ospedale di Santa Maria Nuova). 병원을 세운 사람은 폴코 포르티나리(Folco Portinari), 곧 단테가 사랑한 베아트리체(Beatrice Portinari)의 아버지다. 다 빈치는 이 병원의 지하실에서 시체들을 해부했다고 한다. 인체에 대한 다 빈치의 이해는 이러한 해부와 관찰의 결과였다. 그는 스케치를 하면서 이런 메모를 남겼다. "두 볼과 입술 사이의 보조개를 보면 그가 쾌활한 사람임을 알 수 있다." 다 빈치는 인물의 생김새가 내면을 드러낸다고 보았다. 그래서 사소한 차이라도 절대 놓치지 않았고 얼굴 생김새로써 인물의 성격을 표현하려 했다.

기에는 충분하지만 과장된 체격은 아니다. 현대 디자이너들이 고급 천으로 슈트를 해 입힌다면 썩 어울릴 법한 멋진 몸매이다.

왼손잡이 다 빈치

"메모광이 모두 성공하지는 않는다. 그러나 성공한 사람 중에 메모광이 아닌 사람은 없다."

그럴 것이다. 에이브러햄 링컨(Abraham Lincoln)은 모자 속에 연필을 넣고 다녔고 프란츠 슈베르트(Franz Peter Schubert)는 앞에 앉은 사람의 등에 악상을 적을 만큼 메모에 집착했다. 토머스 에디슨(Thomas Alva Edison)은 4,200개가 넘는 메모 수첩을 남겼다. 빌 게이츠(Bill Gates)도 메모광이라고 한다. 알베르트 아인슈타인(Albert Einstein)은 기억하지 않기 위해 메모했다고 한다. 이 천재는 집 전화번호를 기억하지 못해 책에서 찾거나 비서에게 묻곤 했다. 왜 전화번호를 외우지 않느냐고 물으면 "적어 두면 쉽게 찾을 것을 무엇 하러 기억하느냐"고 되물었다.

레오나르도 다 빈치

레오나르도 다 빈치도 메모광이었다. 그는 평생에 걸쳐 1만 3,000장에 이르는 메모와 스케치를 남겼다. 이 가운데 6,000장 정도가 남아 있다. 다 빈치가 남긴 스케치와 메모를 묶은 공책을 코덱스(codex)라고 한다. 코덱스는 본디 현대의 책과 비슷한 형태로

낱장들을 묶어서 표지를 싸던 서양의 책 제작 방식이다. 코덱스는 두루마리 형태로 제작된 이전의 책에 비해 많은 정보를 수록할 수 있고, 갈피가 나뉘어 원하는 내용을 분류하고 찾아보기에 좋았다.

현재까지 남아 있는 가장 오래된 그리스 코덱스는 4세기경에 만들어진 '코덱스 시나이티쿠스(Codex Sinaiticus)'로 이것은 그리스어로 된 성서 필사본이다. 그밖에 중요한 코덱스로 '코덱스 알렉산드리누스(Codex Alexandrinus)'를 들 수 있는데, 이것은 5세기경에 제작된 것으로 추정되는 그리스어판 성서로 현재 런던의 대영박물관에 보존되어 있다. 다 빈치가 남긴 코덱스는 이탈리아(밀라노)와 영국(런던), 프랑스(파리), 스페인(마드리드), 미국(시애틀) 등에 흩어져 있다.

현대를 살아가는 우리로서는 이 많은 다 빈치의 코덱스를 생전에 모두 보기는 고사하고 일부라도 볼 수 있다면 행운이다. 하지만 원본이 아니어도 괜찮다면 대한민국에서도 다 빈치의 코덱스를 만날 수 있다. 제주도 서귀포시에 있는 '다빈치 박물관(Davinci Museum)'에는 코덱스의 사본이 전시되어 다 빈치의 필적과 스케치를 관찰할 수 있다. 이 전시물을 찬찬히 들여다본 사람은 누구나 다 빈치가 보통 사람과 다르게 글씨를 썼다는 사실을 발견할 것이다. 그렇다, 그는 글씨를 반대 방향(오른쪽에서 왼쪽)으로 썼고, 그래서 그의 글씨는 거울에 비쳐 보아야 제대로 읽을 수 있다(Mirror writing). 다 빈치는 글씨를 왜 이렇게 썼을까. 천재 다 빈치가 아이디어를 도둑맞지 않으려고 줄임말과 암호를 섞어 글자를 반대 방향으로 뒤집어 적었다는 주장도 있다.

다빈치는 왼손잡이(또는 양손잡이)였다. 그의 글씨를 보면 왼손으로 급히 적어나간 모양이다. 현대를 사랑하는 우리에게 왼손잡이는 비범함의 일부라는 이미지를 갖는다. 특히 스포츠 분야에서는 성공한 왼손잡이가 많다. 프로야구 홈런왕 베이브 루스(Babe Ruth), 양키스의 상징 루 게릭(Lou Gehrig), '20세기 최후의 4할 타자' 테드 윌리엄스(Ted Williams) 모두 왼손잡이다. 우리의 이승엽 선수도 왼손잡이다. 왼손잡이는 왼발잡이일 가능성이 큰데, 디에고 마라도나(Diego Armando Maradona Franco)나 라이언 긱스(Ryan Joseph Giggs) 같은 축구의 천재들 가운데 왼발잡이가 많다.

반면에 왼손잡이의 인지능력이 오른손잡이보다 떨어진다는 주장도 있다. 미국 하버드대 케네디 스쿨(Harvard Kennedy School)의 조슈아 굿맨(Joshua Goodman) 교수가 이끄는 연구팀은 2014년 12월 발간된 『경제전망저널(Journal of Economic Perspectives)』 가을호에 게재된 논문에서 "세계 인구 중 왼손잡이 비율은 약 12%인데 그들이 받는 임금은 오른손잡이보다 10~12%가 낮았다"고 발표했다. 연구팀은 그 이유를 임금 수준이 낮은 육체노동에 왼손잡이 비율이 높기 때문이라고 봤다. 연구팀은 1970년대부터 미국과 영국에서 모두 총 4만7,000명을 대상으로 왼손잡이의 교육수준과 소득변화, 부모가 어떤 손을 쓰는지 등을 조사했다.

다 빈치 시대의 왼손잡이는 어떤 대접을 받았을까. 아마 환영받지 못했을 것이다. 『다 빈치와 최후의 만찬(Leonardo and the Last Supper)』을 쓴 로스 킹(Ross King)은 다 빈치가 <최후의 만찬>을 그리기 위해 스케치한 자료를 검토한 다음 '다 빈치 코드' 따위는 없다고 단정했다. 그런데 그는 다 빈치의 스케치에 등장하는 유다가 빵을 집으려고 왼손을 뻗다가 소금 통을 엎지르는 것으로 설정했음을 발견했다. 왼손잡이는 두려움과 의심의 대상이라는 부정적인 문화적 연관성을 함축하고 소금 통을 엎는 행위는 불길함을 의미했다는 것이다. 그러므로 국가가 시민의 신체를 규율하는 국민국가의 시대에 이르면, 왼손잡이는 교정의 대상이었을 수도 있다. 나는 다음 장에 미셸 푸코(Michel Foucault)를 초청해 왼손잡이 다 빈치를 어떻게 '고쳐야' 할지 함께 고민해 보겠다.

글씨 쓰기, 왼손은 거들 뿐

미셸 푸코는 『광기의 역사(Histoire de la folie à l'âge classique)』, 『지식의 고고학(L'archéologie du savoir)』, 『감시와 처벌(Surveiller et punir)』 등의 책으로 1960~70년대를 뜨겁게 달군 사상가다. 푸코는 모든 지식은 정치적이며, 권력과 은밀한 관계를 맺고 있다고 보았다. 그는 『감시와 처벌』에서 형벌의 이론 및 제도에 대한 역사적 성찰을 통해 근대적 감옥의 출현을 설명했다. 이 과정에서 지배계급이 권력을 유지하기 위해 사용하는 통치구조와 억압 방식을 분석한다. 또한 푸코는 근대의 감옥 체계와 더불어 개발된 규율·훈련·교정·관찰 등의 방법이 대중에게 어떻게 권력기술로 작동하는지를 규명했다.

푸코에 따르면, 모든 사회에서 인간의 신체는 권력 앞에 노출된다. 권력은 통제·금지·조절·지시하는 주체이다. 권력은 감옥과 군대는 물론 학교, 병원, 공장, 회사 등 모든 장소에서 인간의 신체를 지배하고 통제하기 위해 방법을 총동원한다. 18세기는 인간의 신체를 길들여 유용한 도구로 활용하기 위한 기법이 전면적으로 개발·적용된 시기다. 신체 뿐 아니라 운동과 자세 역시 권력의 관리 대상이 되었다. 푸코는 인간의 신체를 길들이는 모든 기술을 '규율'이라고 부른다. 푸코는『감시와 처벌』의 3부에서 이렇게 설명했다.

"규율의 역사적 시기는 신체의 능력 확장이나 신체에 대한 구속의 강화를 지향할 뿐만 아니라 하나의 메커니즘 속에서 신체가 유용하면 유용할수록 더욱 신체를 복종적으로 만드는, 혹은 그 반대로 복종하면 할수록 더욱 유용하게 하는 그러한 관계의 성립을 지향하는, 신체에 관한 하나의 기준이 생겨나는 시기이다. (…중략…) 인간의 신체는 그 신체를 파헤치고 분해하며 재구성하는 권력 장치 속으로 들어간다."

「활동의 통제」라는 장에서는 신체와 동작의 상관화에 대해 말하면서 요한 밥티스타 드 라 살(Joannes Baptista de la Salle)을 인용한다. 여기서 글쓰기를 예로 드는데, 글씨를 잘 쓰기 위해 '발끝에서 집게손가락 끝까지 몸 전체가 엄격한 규칙을 따라 움직이는, 그러한 습관 일체가 필요하다'는 것이다.

"상체를 직립시키고, 왼쪽으로 조금 기울여 힘을 빼고, 팔뚝을 책상 위에 놓고, 시각이 미치는 범위 안에서 턱이 주먹 위에 놓일 정도로 어느 정도 앞으로 기울인 자세가 되어야 한다. (…중략…) 왼팔의 팔뚝에서 손가락 끝까지의 부분은 책상 위에 놓아두어야 한다. 오른팔은 상체에서 손가락 세 개 정도의 폭만 떨어뜨리고, 책상에서 손가락 다섯 개 정도 띄어 놓을 것, 오른팔은 책상 위에 가볍게 올려 둘 것."

요한 밥티스타 드 라 살의
'바른 글쓰기 자세' 삽화

이토록 엄격히 글쓰기의 자세를 관철하고자 하는 시대에 다 빈치처럼 왼손으로, 그것도 글자를 뒤집어 반대 방향으로 글을 쓴다? 택도 없는 일이다. 이와 같은 강요는 운동선수의 훈련에 어떻게 적용할 수 있을까? '기본기'는 어떻게 습득되는가? 아무리 창의적인 선수라도 기본기 없이는 좋은 경기력을 발휘할 수 없다. 프레드 커플스(Fred Couples)나 어니 엘스(Ernie Els) 등 동영상 교재에 등장하는 골퍼들은 모두 투어 대회를 주름잡는 슈퍼스타다. 좋은 스윙은 반복의 결실이다. 그러면, 스포츠의 자유 의지와 신체의 훈련과 교정이라는 억압의 기제는 어떻게 충돌하고 화해하는가?

스포츠, 자유와 구속의 경계에서

케이블 TV에서 방영돼 인기를 모은 드라마 <응답하라…> 시
리즈는 1990년대를 추억한다. 드라마의 코드 가운데 하나가 농구
이다. 1990년대의 전반기는 농구대잔치의 시대, 최희암 감독이 이
끄는 연세대학교 농구의 전성기였다. 이상민, 문경은, 우지원처럼
잘생긴 스타들이 실업 선배들을 제치고 대학 팀으로서는 처음으
로 우승했을 때가 1993~94시즌이다. 이 무렵 브라운관을 지배한
연속극이 <마지막 승부>다. 장동건, 손지창이 드라마 속에서 실
제로 농구를 한다. 비슷한 시기에 일본의 작가가 그린 농구 만화
가 청소년을 사로잡는다.

"농구 좋아하니?" 소녀의 물음은 소년의 뇌리에 깊은 파문을
아로새긴다. ("브람스를 좋아하세요?"를 생각했다) 소년은 농구의

'농' 자도 모른다. 그러나 어찌 좋아하지 않는다고 말할 수 있으랴. 소녀가 다시 소년에게 말한다. "너 덩크 알아? 농구의 화려한 플레이, 가장 멋지고 가장 관객을 열광케 하는 플레이, 특히 공이 부서질 정도로 과격하게 골대에서 내리쳐 꽂는 것을 '슬램덩크'라고 해. 이 골대 안으로 공을 힘껏 내리치는 거야! 있는 힘껏 뛰어올라서!" 소년은 '슬램덩크(Slam Dunk)'에 꽂혔다.

『슬램덩크』는 이노우에 다케히코(井上雄彦)가 그린 만화다. 중학교 3년 동안 여학생 쉰 명에게서 딱지를 맞은 불량학생 강백호(원작 속 이름은 사쿠라기 하나미치)가 북산고등학교에 입학한 뒤 농구부 주장 채치수의 여동생 채소연에게 홀려 농구를 시작한다. 아무것도 모르던 백호가 혹독한 훈련과 경기 경험을 통하여 농구에 눈을 뜨고 마침내 팀의 대들보로 성장한다. 이노우에는 이 만화를 1990년에 시작해 1996년에 끝냈다. 1996년은 우리 프로농구가 시작된 해다.*

백호 머릿속에는 소연이 뿐이다. 그래서 무조건 슬램덩크만 하고 싶다. 그러나 농구는 덩크만으로 할 수 없다. 기초부터 배워야 한다. 선배들이 훈련하는 동안 무릎을 굽힌 채 코트에 공을 튀기는 동작만 무한정 반복하려니 성질 급한 백호는 견딜 재간이 없

---

* 한국농구연맹(KBL)은 1996년 10월 16일 창립총회를 열어 정관을 승인하고 윤세영을 초대 총재로 추대했다. 11월 22일에는 문화체육부로부터 사단법인 한국농구연맹의 설립을 허가받았다. 이듬해 2월 1일 안양 SBS 스타즈와 인천 대우증권 제우스가 개막경기를 했다.

다. 때려치우고 싶은 생각이 굴뚝같지만 처음에
는 소연이 때문에, 그 다음에는 농구에 맛 들려
코트를 떠나지 못한다. 그가 농구를 배워가며 듣
는 조언은 청소년들 사이에서 유행어가 되었다.
레이업슛을 할 때는 공을 골대 위에 '놓고 내려
온다'. 슛을 할 때 '왼손은 거들 뿐' 같은.

일본만화 〈슬램덩크〉

　농구는 하늘을 날고픈 사람들의 스포츠다. 날
개도 엔진도 없이 오로지 두 다리와 뜨거운 심장의 힘만으로 무한
공간 속에 자신을 던져 넣는 스포츠. 인간의 비행은 자유를 상징
한다. 그러니까 농구는 자유의 스포츠다. 그런데 자신만의 무한
공간 속으로 도약하기 위해 반드시 거쳐야 할 과정이 있다. 훈련
이다. 훈련을 통해 기본기가 습관으로 발전한다. 훈련은 인신의
제약을 전제한다. 스포츠 공간은 코치와 규칙과 운동의 원리가 지
배하는 곳이다. 바위에 떨어지는 물방울처럼 거듭되는 훈련은 기
적을 낳는다. 물속에서 아가미를 벌름거리던 올챙이가 불현듯 여
름 밤공기 속으로 도약하듯 돌연한 비행이 시작되는 것이다. 자유
와 구속의 경계를 넘나들기에, 스포츠는 먹물 잔뜩 든 지성의 탁
자 위에 논쟁을 낳았다. 이 싸움판에서 요한 하위징아는 테오도르
아도르노(Theodor Adorno)와 편먹고 칼 딤(Carl Diem)·호세 오르테가
이 가세트(José Ortega y Gasset)와 한판 붙는다.

스포츠와 문화

월 스미스(Will Smith)가 주인공으로 나오는 2006년 개봉 영화 <행복을 찾아서(The Pursuit of Happyness)>는 실화를 바탕으로 만든 영화다. 미국인들이 경제난에 시달리던 1980년대를 배경으로, 샌 프란시스코의 노숙자에서 월 스트리트의 1억8,000만 달러 자산가 로 변신한 크리스 가드너(Chris Gardner)의 생애를 다루었다. 의료기 판매상으로 근근이 살아가던 가드너는 퍼시픽 벨 연금의 임원 월 터 리본(Walter Ribbon)을 만나 인생역전의 기회를 맞는다. 두 사람 은 미식축구 경기장의 스카이박스에서 함께 경기를 보는데, 이곳 에서 크리스는 리본 외에 다른 고객들을 만나게 되고, 결국 영화 후반부에 그 고객들을 통해 계약을 성사시키게 된다. 이 장면을 전후로 미식축구를 비롯한 스포츠가 미국인의 삶에 어떻게 개입

215

하며 삶의 일부이자 문화를 형성하는지 알 수 있다.

스포츠를 문화의 일부로 인식하는 시각은 현재에 이르러 일반화됐다. 그러나 이 문제를 놓고 학자들 사이에 다양한 견해가 상충한 사례가 있다. 소스타인 베블렌(Thorstein Veblen)을 비롯한 여러 학파가 스포츠는 문화일 수 없다고 주장해왔다. 그들은 스포츠를 문화적으로 아무런 가치가 없는 행위양식이라고 여겼다. 또한 스포츠는 인간보다 승리와 기록이 중요하다는 생각과 기술만능주의에 의해 지배받고 있으며, 스포츠 경기는 인간이 개성, 창의력, 상상력, 그리고 사고력을 억압하기 때문에 문화가 될 수 없다고 보았다. 하위징아도 스포츠가 문화가 될 수 없다고 주장하였다. 그는 문화의 기원은 놀이인데, 스포츠는 본래 갖고 있던 놀이의 요소를 상실하였기 때문에 문화 영역으로부터 밀려날 수밖에 없다고 주장했다. 테오도르 아도르노는 모든 스포츠가 기계가 신체로부터 빼앗아 버린 기능의 일부를 신체에 돌려주려고 시도하지만 신체가 기계를 닮아가게 만든다고 보았다. 따라서 스포츠는 어떤 방식으로 조직되든 부자유를 초래하므로 문화가 될 수 없다고 주장하였다.

반면 칼 딤은 스포츠와 문화의 연관성을 증명하는 수많은 역사적 기록이 존재하며 인류의 역사 속에서 문화의 제 영역과 스포츠의 연관성을 여러 곳에서 찾을 수 있다고 주장하였다. 딤은 이런 역사적 사실들이 스포츠가 문화의 한 영역임을 증명한다고 보았다. 더 나아가 오르테가 이 가셋은 스포츠를 창조적 행위의 근원으로 파악

영화 〈행복을 찾아서〉의 축구장 장면

하였다. 그는 문화의 기원은 노동이나 놀이가 아니라 스포츠라고 보았다. 즉 스포츠는 불필요하고 남아돌아가는 힘을 바탕으로 하여 지금까지 인간이 도달한 경계를 늘 다시금 넘어서게 해 줌으로써 새로운 문화의 창조를 가능케 해주는 야생적 의욕의 근원이라는 것이다.

스포츠가 문화냐 아니냐는 논쟁은, 문화란 매우 고상하고 고차원적인 그 무엇이라는 규범적 이해에 바탕을 두고 있다고 본다. 그러므로 쟁점은 스포츠가 그와 같은 조건을 충족시키는지 못하는지에 있다. 오늘날 사회화되었으며 문화의 이해는 평준화되어 엘리트적 이해보다는 편견에 치우치지 않는 문화 이해가 주목받게 되었다. 이와 같은 변화를 통하여 오늘날 스포츠는 평준화된 문화의 일부로서 독자적인 문화 영역으로 발달하였다. 현대인의 삶에서 스포츠는 삶의 일부이기도 한데, 대한민국에서도 여름 저녁 프로야구와 '치맥'을 빼놓고 도시인의 삶을 설명하기는 쉽지 않게 되었다.

체조의 탄생

스포츠가 중세에서 근대로 이행하는 시기에 인간과 세계는 과학과 계몽의 시대를 통과했다. 의학, 과학, 기술이 종교적 신념을 대신하여 인간의 사고와 행동을 지배하기 시작했다. 그러나 숨 돌릴 틈 없는 변화의 소용돌이도 사람들을 놀이와 스포츠에서 떼어놓지는 못했다.

체육은 교육의 중요한 요소였고 스포츠는 여전히 유럽과 미국 시민의 삶의 일부로 작동했다. 18세기가 진행되는 동안, 과학자들과 철학자들은 새로운 방법으로 우리의 신체를 이해하고 육체가 어떻게 작용하는지 설명하고자 했다. 이 시기에 유럽 사회에서는 군주 정치와 귀족 정치에 염증을 느낀 새 계급으로서 '부르주아(bourgeoisie)'가 출현했다. 이들은 당대를 주름잡은 사상가들의 영향을 강하게 받았다. 대표적인 인물이 장 자크 루소(Jean Jacques Rousseau)다.

루소는 가정부로 고용한 테레제 르바쉐(Thérèse Levasseur)와의 사이에 다섯 아이를 두었지만 모조리 고아원에 보냈고, 엄청난 바람둥이로서 사생아도 많았다. 이런 인간이 『에밀(Emile)』을 썼다. 첫 문장은 이렇다. "창조자의 손에서 나올 때는 모든 것이 선하나 사람의 손에서 모든 것이 타락한다." 서양에서 여성이 결혼할 때 책 두 권을 가져가는데, 한 권은 『에밀』이고 또 한 권은 벤저민 스폭(Benjamin Spock)의 『육아전서(Common Sense Book of Baby and Child Care)』라고 한다. 루소는 이 책에서 이상적인 교육과정을 서술하였다. 루소는 육체는 배움에서 본질적으로 중요하며 건강한 다음에야 마음의 영역을 개발할 수 있다고 믿었다. "나는 그를 오페라의 춤꾼보다는 염소와 경쟁하는 사람으로 만들겠다."

루소의 사고는 요한 베른하르트 바제도(Johann Bernhard Basedow)와 요한 프리드리히 구츠무츠(Johann Friedrich GutsMuths)의 손을 거쳐 현장에 이식된다. 『에밀』은 프랑스보다 독일에서 더 영향력을 발휘했다. 바제도는 1774년 루소의 이론을 바탕으로 데사우(Dessau)에 '범애학교(Philanthropinum)'를 설립했다. 이곳에서 아이들은 자유로운 움직임을 위해 간편한 유니폼을 입었고, 성인이 아니라 아이들답게 행동하도록 교육받았다. 학교에서 보내는 열 시간 중에 세

시간은 펜싱, 승마, 춤 같은 놀이로 채웠다. 범애학교는 재정난 때문에 1793년에 문을 닫았다.

구츠무츠는 루소와 마찬가지로 신체가 발달된 후에 마음의 발달이 가능하다고 확신했다. 그는 체육교육을 직업으로 정착시킨 인물로『작은 수영 교본(Kleines Lehrbuch der Schwimmkunst zum Selbstunterrichte)』,『청소년을 위한 체조(Gymnastik für die Jugend)』같은 교재를 썼다. 또한 사람을 발달시키는 방법에 따라 운동을 분류했고 루소가 그랬듯 여성들도 운동을 해야 한다고 주장했다. 그러나 스포츠와 체육에 대한 구츠무츠의 가장 큰 기여는 체조 부문에서 발견할 수 있다. 그가 1796년에 발간한『청소년의 심신을 위한 체조와 재활 훈련(Spiele zur Uebung und Erholung des Koepers und Geistes, für die Jugend)』은 체육 분야에서 경험 있는 전문가가 출판한 최초의 설명서다.『조국의 아들들을 위한 체조(Turnbuch für die Sohne des Vaterlandes)』,『체조의 교리, 교사와 학생들을 위한 설명서(Katechismus der Turnkunst)』도 중요한 책이다. 구츠무츠의 노력은 당시의 학교 체육에 즉각적인 영향을 미쳤다. 학교에서 체조를 가르치기 시작했고, 대학에서는 오늘날 우리가 인식하고 있는 방법으로 체조를 연구하기 시작했다.

구츠무츠는 결코 예상도 기대도 하지 않았겠지만, 체조는 유럽에서 발전한 국민국가와 민족주의를 통하여 훗날 스포츠와 체육

을 지배해버릴 광기의 시대를 예비한다. 곧 스포츠 내셔널리즘과
상업주의다.

독일 체조

프로이센의 애국자 얀, 히틀러를 예고하다

"대한민국 주권은 국민에게 있고 모든 권력은 국민으로부터 나
온다!"

영화 <변호인>에서, 송우석 변호사(송강호 분)가 절규한다. 관객
들은 이 장면에서 가슴이 뜨거워진다. 국가 권력이 국민에게서 나
온다는 명제는 현대 정치의 근원적 진리에 속한다. 그러나 '국민
국가'가 형성된 시기는 불과 300여 년 전이다. 영국 혁명과 미국
독립전쟁, 프랑스 혁명이 동력을 제공했다. 한 인물을 꼽자면 나
폴레옹 보나파르트(Napoléon Bonaparte)다. 나폴레옹의 침략 전쟁은
유럽에 민족주의 정서를 고조시켰다. 그는 자신이 점령한 독일과
이탈리아 영토를 마음대로 처리함으로써 프랑스의 침략에 대한
저항에 불을 붙였다. 프리드리히 루드비히 얀(Friedrich Ludwig Jahn)도

나폴레옹의 프로이센(Preußen) 침략에 분노한 애국 청년이었다.

프로이센은 1806년 예나-아우어슈테트 전투(Schlacht bei Jena und Auerstedt; bataille d'Iéna)에서 나폴레옹 군에 패했다. 이듬해 틸시트 조약(Frieden von Tilsit; Traités de Tilsit)을 체결함으로써 폴란드 서부의 영토를 내주었고, 나폴레옹의 9군단이 그곳에 주둔했다. 1810년, 얀은 '독일 연맹(Deutscher Bund)'을 결성하였다. 군인 장교와 교사들로 구성된 비밀결사 조직이었다. 이 조직의 정관은 모든 대학에서 체육교육과 정신적 쇄신을 위한 전국적 교육 과정을 요구했다. 얀은 매주 수요일과 토요일 오후 학생들에게 체조와 운동을 가르쳤고 1811년 봄에는 하젠하이데(Hasenheide)에 최초의 체조 연습장 '투른플라츠(Turnplatz)'를 만들었다. 얀의 제자, 즉 투르너(Turner)들은 그를 '투른파터(Turnvater, 체조의 아버지)'로 추앙했다.

독일 연맹은 1813년 대(對) 나폴레옹 해방전쟁이 시작되자 해산했다. 얀은 투르너들과 함께 의용군에 입대해 싸웠다. 프로이센은 1815년 워털루 전투(Battle of Waterloo; Bataille de Waterloo)에 참전해 승리함으로써 나폴레옹 시대에 종지부를 찍었다. 빈 회의에서 베스트팔렌(Westfalen) 지역을 영토로 편입한 뒤 인구가 1,000만 명에 이르는 강대국으로 재기했다. 얀과 투르너들은 독일의 미래를 확신했다. 체조는 투르너들의 활동을 대변하는 행동이었기에, 운명적으로 민족주의에 기초한 정치적 도구일 수밖에 없었다. 얀은 투

얀

르너들이야말로 진정한 독일인이라고 믿었다. 얀은 투르너가 "덕이 있고 활기차며, 절제할 줄 알고 용감한, 순수하고 준비가 되었으며, 남자답고 진실한" 반면, 다른 모든 사람은 잘못된 독일인이라고 확신했다.

얀의 주장이 아돌프 히틀러와 나치의 출현을 예고했다면 과장일까. 영화감독 레니 리펜슈탈(Leni Riefenstahl)이 베를린올림픽을 소재로 만든 영화 <올림피아(Olympia)>의 도입부에는 아름다운 여성들이 추는 춤(또는 체조)이 등장한다. 그 움직임은 '두려울 만큼 아름답다!' 베네딕트 앤더슨(Benedict Richard O'Gorman Anderson)은 『상상의 공동체(Imagined Communities)』에서 민족과 민족주의란 한낱 '문화적 조형물'로서 본질적이지 않고, 특정한 역사적·문화적 경험에 의해서 구성되고 상상된다고 주장했다. 즉 '민족'은 상상된 공동체라는 것이다. 그렇지만 스포츠(=놀이)조차 아리안족의 위대함을 입증하는 도구였던 시대에 상상은 잔혹한 현실일 수밖에 없었다.

파시즘, 광기의 스포츠

이제 전체주의(Totalitarianism) 체육, 파시즘(Fascism)의 스포츠에 대하여 말하려 한다. 독일과 일본이 배경이다. 우리의 호모루덴스는 이 시대에 길을 잃고 표류한다.

2015년 3월 10일, 독일의 앙겔라 메르켈(Angela Dorothea Merkel) 총리가 일본을 방문하고 돌아갔다. 2015년은 제2차 세계대전 종전 70주년이며, 독일과 일본은 2차 대전의 패전국이다. 1945년 5월 8일 독일의 항복 문서가 베를린에서 승인되고, 일본은 같은 해 8월 15일에 항복했다. '전범재판'은 2차 대전의 죄과를 청산하는 상징적인 사건이다. 뉘른베르크전범재판(Nurnberger Prozesse)과 극동 국제 군사 재판(International Military Tribunal for the Far East; 도쿄전범재판). 그런데 이 재판정에 반드시 섰어야 할 중죄인 둘이 보이지 않았다.

프리츠 실겐과 사카이 요시노리

올림피아슈타디온(Olympiastadion)은 독일 베를린시 올림피셔 플라
츠 3번지에 있다. 경기장 앞 광장에 서면 경외감을 불러일으키는
거대한 석조건축물을 마주 보게 된다. 요한 볼프강 폰 괴테(Johann
Wolfgang von Goethe)가 이탈리아를 여행하고 쓴 기행문에서 '건축은
얼어붙은 음악'이라고 한 말을 빌려 쓰자면, 제3제국(Drittes Reich)의
영광을 노래하는 듯 우렁찬 합창 소리가 들리는 듯하다.

1936년 8월 1일, 올림피아슈타디온의 본부석 오른편 스탠드 위
에서 흰 연기가 피어오르고, 흰 운동복을 입은 청년이 모습을 드
러낸다. 그는 스탠드를 내려가 운동장 트랙을 따라 달려 본부석
앞을 지난다. 아돌프 히틀러가 굽어보는 가운데 흰 연기가 베를린
의 창공을 향하여 피어오른다. 청년은 반대편 스탠드로 쉼 없이

달려 올라간다. 동작 하나하나 한 치 흐트러짐이 없다. 마침내 거대한 원반을 얹어놓은 세발 받침대 앞에 멈추어, 성화봉을 번쩍 치켜든다.

프리츠 실겐(Fritz Schilgen). 1906년 크론베르크(Kronberg)에서 크론베르거 고등학교 교장의 둘째 아들로 태어나 베를린올림픽이 열릴 때는 갓 스물이었다. 육상 중장거리선수로서 1929년과 1931년, 1933년에 독일육상선수권대회에서 동메달을 땄다. 그가 성화 최종주자로 선택된 이유는 달리는 동작이 우아하고 아름다웠기 때문이다. 베를린올림픽 기록영화 <올림피아>를 제작한 레니 리펜슈탈은 실겐의 몸을 '독일적인 이상을 구현하기에 가장 걸맞은 신체'라고 평가했다.

신체, 즉 몸에 대한 나치의 집착은 엄청났다. 신체의 균형과 완벽한 아름다움은 신성(神性)을 드러내며, 이는 아리안 족이 구현해야 할 지고의 가치에 속했다. <올림피아>는 베를린올림픽을 통하여 나치 독일이 구현하려는 이상을 가감 없이 드러낸다. 도입부에서 그리스 신전의 폐허와 거기 흩어진 신들의 조각, 신체 균형이 완벽한 원반던지기 선수가 차례로 등장한다. 원반던지기 선수의 조각이 디졸브(dissolve)*되어 건장한 남성의 움직임이 화면을

---

* 한 화면이 사라짐과 동시에 다른 화면이 점차로 나타나는 장면 전환 기법. 화면의 밀도가 점점 감소하면서 다른 화면의 밀도가 높아져서 장면이 전환된다. 시간의 경과, 회상 장면, 장소의 이동, 이미지 사이의 연결, 연관된 관계성 등을 전 화면과 중첩시키면서 극적 변화를 주는 기법이다.

메우고 잇따라 젊은 남녀의 군무가 이어
진다.

그리스의 신전에서 얻은 불씨가 젊은
청년들의 손에 이끌려 베를린까지 운반
되니 곧 올림픽 사상 첫 성화봉송을 한
것이다. 그리스의 정신, 곧 유럽의 본질
이 제3제국의 수도에 이식되어 성화로
활활 타오르는 것이다. 이제 제3제국이
야말로 유럽의 본질이며 현재라는 선언
이 아닌가.

1964년 도쿄올림픽의 식전행사는 베
를린올림픽을 베껴먹었다. 한국인에게

사카이 요시노리

도쿄 대회의 성화는 불결하다. 1954년 10월 10일 도쿄올림픽경기
장에 도착한 성화의 마지막 주자는 사카이 요시노리(坂井義則)다.
그는 원자탄이 떨어진 1945년 8월 6일 히로시마에서 태어났다.
일본은 사카이를 내세워 세계를 상대로 '피해자 코스프레'를 한
다. "우리는 비인간적인 원자탄 폭격의 희생자다. 그러나 살아남
아 다시 일어섰다!" 히로히토가 박수를 친다. 이치가와 곤(市川 崑)
이 감독해 1965년 9월 24일에 개봉한 영화, <도쿄 올림피아드>
다. 피가 거꾸로 솟구친다.

난징 대학살과 사람 목 베기 놀이

인간의 동족 살해는 「창세기」부터 등장하는 사건이다. 아우 아벨(Abel)을 죽인 카인(Cain)을 신이 쫓아낸다. 카인이 호소한다. "사람들이 나를 죽일 겁니다." 그러자 신이 카인의 이마에 가위표(X)를 한다. 형(兄)의 이마에 가위표를 치니 곧 범인 흉(兇)이다. 호모 루덴스의 놀이가 가장 잔인한 형태로 구체화되면 곧 전쟁이요 살육이다. 인간 사냥. <사진>은 고광헌 한림대 교수에게서 얻었다. 1937년 12월 14일 치 『도쿄마이니치신문(東京每日新聞)』 스크랩이다. 고 교수는 이렇게 설명했다.

"기사를 송고한 자는 기자 아사미와 스즈키. 기사내용은 난징의 자금산 기슭에서 무카이 도시아키와 노다 쓰요시라는 두 일본군 소위가 일본도로 중국인을 누가 많이 살해하는가를 겨뤘다는 내

231

용이다. 악마가 된 국가와 그 악마의 바람잡이가 된 언론이 무슨 짓을 했는지를 이 기사는 상상 불가능한 방식으로, 너무도 생생하게 반(反)저널리즘적으로 보여주고 있다. 아사미와가 두 사람의 '살인시합'을 촬영할 당시 무카이는 106명, 노다는 105명을 죽인 상태였다. 그러나 그때까지 누가 먼저 100명을 죽였는지를 알 수 없어 먼저 150명을 살해한 사람을 승자로 인정하기로 했다."

이 '놀이'는 『아사히신문(朝日新聞)』도 보도했다. 그런데 일본 집권 자민당의 이나다 도모미(稻田朋美) 정조회장이 최근 정신 나간 소리를 한다. 23일 보도된 『산케이신문(産經新聞)』과의 인터뷰에서 '아사히'와 '마이니치'가 이 기사를 취소해야 한다고 주장했다. 역사 왜곡이나 증거 조작 분야에서 일본을 따라갈 나라는 세계에 없다. 일본 고고학자 후지무라 신이치(藤村新一)는 2000년 11월 유적지에다 석기를 미리 묻어놓고 발굴하는 시늉을 하다 언론에 들켰다. 변명이 걸작이다. "모두가 즐거워하면 좋겠다는 생각에서 그렇게 했다." 학자라는 인간조차 역사 왜곡에 대해 죄의식이 없음을 보여준다.

아베 신조(安倍晉三)가 집권한 뒤 일본이 우경화했다지만 일본인들의 떼쓰기식 사고가 어제오늘의 일은 아니다. 오즈 야스지로(小津安二郎)가 감독한 <꽁치의 맛(秋刀魚の味·1962)>은 가족드라마다. 홀아비 히라야마 슈헤이가 외동딸 미치코를 시집보내는 얘기. 여기에도 섬뜩한 칼날이 숨어 있다.
히라야마는 2차대전 때 일본군함의
함장으로 참전한 장교출신이다. 그
가 옛 부하 요시타로 사카모토를
만나 선술집에 간다. 요시타로는
술이 한 잔 들어가자 주절거린다.

난징 대학살 때 사람 목 베기 내기를 한
무카이 도시아키(오른쪽)와 노다 쓰요시

　"전쟁에서 이겼으면 뉴욕에서 술
을 마시고 있을 텐데요. 코쟁이들
이 상투를 튼 꼴이 볼 만할 텐데…"

　나는 오즈가 요시타로의 입을 빌어 말하고 있다고 생각한다. 일
본의 본심(本心). 죄의식은 코스튬일 뿐, 전쟁에 져서 억울할 뿐이
다. 여기 비하면 "그래, 일본이 전쟁을 일으켰다. 전쟁은 어차피
잔혹하다. 승패만 있을 뿐, 선악을 따져 뭐하게?"라고 눈을 치뜨
는 시오노 나나미가 훨씬 정직하다. 예술을 빙자해 악을 선(또는
미)으로 덧칠하면 깜빡 속는다. 리펜슈탈의 <올림피아>와 이치카
와의 <도쿄 올림피아드>는 아주 나쁜 예다.

루츠 롱과 제시 오언스

올림픽은 정치적이다. 아니, 올림픽은 정치이다. 현대스포츠를 지배하는 상업주의도 정치를 이기지 못한다. 베를린올림픽은 '올림픽을 정치선전의 도구로 전락시켰다'는 비난을 받는다. 그러나 올림픽을 개최한 도시치고 거리낌 없이 베를린을 비판할 수 있는 도시는 없다. 1964년 도쿄올림픽은 양심이나 죄의식이라고는 찾아볼 수 없는 선전 무대였다. 1988년 서울올림픽은 한강의 기적을 통해 근대화를 완수했다는 '중진국' 한국의 선언이기 이전에 군사 독재 정권의 마지막 노래였다. 20년 뒤 열리는 베이징올림픽은 아편전쟁 패배 이후 곤두박질친 '중화'의 재기를 선언한 대국굴기(大國崛起)에 다름 아니다.

베를린올림픽을 기록한 리펜슈탈의 <올림피아>는 스포츠를 소재 삼은 정치기록물이다. 독일이 1차대전 패배 이후 감수해야 했던 굴욕을 딛고 유럽의 중심으로 돌아왔음을 선언한다. 아니, 독일이야말로 '유럽의 혼'이라고 주장한다. 이런 점에서 <올림피아>는 1934년 나치전당대회를 기록한 <의지의 승리(Triumph des Willens)>의 연장이다. <의지의 승리>는 다음과 같은 자막으로 시작된다. "1934년 9월 5일, 세계대전 발발 후 20년, 독일이 고난이 시작된 후 16년, 독일의 부활이 시작된 후 19개월, 아돌프 히틀러, 충성스러운 지지자들을 사열하기 위해 뉘른베르크로 돌아오다."

히틀러의 재림(再臨)은 곧 독일의 복귀다. 영화의 도입부에서 구름을 헤치고 모습을 드러낸 비행기는 고색창연한 뉘른베르크의 시가를 조감한 다음 마침내 착륙하여 히틀러를 내려놓는다. 히틀러가 모습을 보이는 순간 시민들은 아이돌을 맞는 듯 열광한다. 구름을 뚫고 내려온 히틀러는 프리드리히 니체의 초인(超人·Übermensch)이다. 곧 올림피아의 신전에서 오직 건장한 청년의 두 다리로 달려 베를린까지 옮겨온 불꽃의 본질, 유럽의 혼이다. 제3제국의 부총통 루돌프 헤스(Rudolf Hess)가 외친다. "당은 히틀러다. 독일이 히틀러이듯이 히틀러는 독일이다!(Die Partei ist Hitler! Hitler aber ist Deutschland wie Deutschland Hitler ist!)"

베를린올림픽이 비판받는 또 하나의 이유는 인종차별이다. 그러나 실제로 이 대회에서 인종주의가 얼마나 악영향을 미쳤는지는 계량하기 어렵다. 그리고 베를린올림픽을 대회로서 역사에 남긴 선수 둘은 모두 유색인종이었다. 가장 빠른 인간을 겨루는 경기, 그럼으로써 신을 찬양하는 단거리 경주와 멀리뛰기에서 금메달 네 개를 따낸 제시 오언스(Jesse Owens · 미국)는 흑인이었다. 또한 야만에 대한 문명의 승리, 불굴의 유럽 정신을 표상하는 마라톤 우승자는 손기정, 동양의 조선에서 온 청년이었다. 내가 2012년 7월 베를린 시 한스 브라운 거리(Hanns-Braun-Straße)에 있는 스포츠박물관(Sportmuseum Berlin)을 방문했을 때, 전시실 입구에는 손기정의 대형 사진이 전시돼 있었다. 그리고 올림피아슈타디온은 건물 내부의 한 층을 비워 오언스에게 오롯이 바치고 있다. 그곳은 오직 초콜릿 색, 즉 오언스의 피부색으로 장식했다.

1936년 8월 4일. 독일의 루츠 롱(Luz Long)과 오언스가 멀리뛰기 우승을 다툰다. 오언스는 예선에서 구름판을 제대로 밟지 못해 파울을 연발한다. 처음에는 제한선을 넘었고 두 번째는 너무 뒤에서 뛰었다. 이때 롱이 다가가 격려한다. 그는 수건을 구름판 몇 센티 뒤에 놓고 "여기를 기준 삼아 뛰어보라"고 충고한다. 오언스는 간신히 예선을 통과했다. 결승에서 24년 동안이나 깨뜨릴 선수가 없는 올림픽신기록(8.06m)을 세우며 우승하자 롱이 달려가 오언스의 등을 두드린다. 올림피아의 진정한 불꽃, 휴머니즘이 가장 환한

빛을 내뿜는 순간이다. 오언스는 말했다. "내가 가진 모든 우승컵과 메달을 다 녹여도 그때 루츠 롱에게서 느낀 우정에 도금을 할 수 없을 것이다."*

루츠 롱(왼쪽)과 제시 오언스

---

* You can melt down all the medals and cups I have and they wouldn't be a plating on the 24-karat friendship I felt for Luz Long at that moment.

올림피아가 그린 손기정

영화 <올림피아>는 논쟁과 원죄가 뒤범벅된 나치산(産) 프랑켄
슈타인(Frankenstein)일지 모른다. 그래도 가치가 있다. 첫째, 베를린
올림픽에 참가한 주요 인물의 경기 장면과 내용을 구체적으로 관
찰하고 분석할 수 있는 자료이다. 둘째, 리펜슈탈이 적극적으로
구사한 연출과 편집 기법은 현대 다큐멘터리 제작에 기준을 제공
했다. 셋째, 한국인의 입장에서는 2015년 현재까지 손기정과 남승
룡의 경기 모습을 확인할 수 있는 유일한 동영상 자료로서 대체
불가능한 가치를 지닌다.

리펜슈탈이 <올림피아>를 제작하면서 다큐멘터리의 규칙을
깨뜨렸다는 비판은 마라톤 경기를 다룬 부분에도 해당된다. 경기
가 끝난 뒤 여러 차례에 걸쳐 추가로 촬영한 장면과 교묘한 편집,

왜곡을 통해 리펜슈탈의 의도를 형상화하고 있다. 마라톤 경기 부분에서 실제 경기 장면이 사용된 곳은 대체로 선수들이 35㎞ 지점에 도착하는 시점까지와 손기정이 올림피아슈타디온에 들어서는 장면, 그리고 시상식 등이다. 특히 동영상으로 보았을 때 1시간 46분 45초 언저리의 장면까지가 실제 경기 상황을 재연이나 사전 촬영 없이 반영하고 있는 것으로 보인다.

물론 이 부분에서도 주요한 선수들의 경기 장면이 편집되어 극적인 효과를 끌어낸다. 카메라는 우승후보 후안 카를로스 사발라(Juan Carlos Zabala)가 선두에서 독주하다가 서서히 무너져가는 모습을 추적한다. 어네스트 하퍼(Ernest Harper)와 손기정이 나란히 달리며 사발라를 추격하는 장면, 마라톤 코스 주변에 모인 관중의 들뜬 분위기 등도 다채롭게 묘사한다. 리펜슈탈이 사전 또는 재연 촬영한 필름을 편집함으로써 영화의 흐름과 메시지에 개입하는 시점은 카이저 빌헬름 툼(Kaiser Wilhelm Turm) 근처의 고지대를 통과할 무렵 또는 그 이후부터다.

실제 경기에서 382번을 달고 달린 손기정이 381번을 달고 달리기도 한다. 손기정은 결승점을 통과할 때까지 오른손에 흰 수건을 감고 달렸지만 381번을 달고 달리는 장면에서는 손수건을 볼 수 없다. 손기정의 배번이 뒤집혀 나오기도 한다. 남승룡은 영화 속에서 세 가지 다른 모습으로 등장한다. 첫째는 배번 '380'을 등에 부착한 일본 대표팀의 경기복을 입고 달리는 실제 경기 모습이다. 둘째는 배번을 유니폼의 앞면에 부착한 모습이다. 셋째는 'M'자가 쓰인 메이지대학교 육상부의 유니폼을 입은 모습이다.

영화 〈올림피아〉에 등장하는 손기정

손기정의 배번이 뒤집힌 장면은 베를린올림픽 마라톤의 영웅을 둘러싼 몇 가지 에피소드 가운데 하나로 제시되곤 한다. 손기정은 <올림피아>에 등장하는 장면 가운데 뒤에 추가로 촬영하여 편집된 부분에서 일부러 경기복을 뒤집어 입었던 것으로 알려졌다. 『동아일보』의 2002년 11월 18일자에는 "손옹은 '다시 찍는 동안 10 ㎞나 달려야 해 무척 힘들었다'고 회고했었다. 가뜩이나 피곤한 마당에 리펜슈탈이 얼마나 까다롭게 굴던지 짜증까지 솟구쳤다는 것. 특히 땀 닦는 장면이 실감나지 않는다고 예닐곱 번이나 다시 시키는 바람에 화가 나 유니폼을 뒤집어 입고 뛰기도 했다"고 나온다.

당시 일본 육상 팀의 경기복은 오른쪽 어깨에서부터 대각선으로 줄무늬를 집어넣었고, 일장기는 오른쪽 가슴에 부착했다. 그러나 문제의 장면에서는 일장기의 위치, 줄무늬의 방향이 모두 반전되어 있다. 정말 유니폼을 뒤집어 입었다면, 번호는 아예 보이지 않았을 것이다. 이 장면은 추정컨대 영화 속에서 등장인물의 움직임을 한 방향으로 통일하기 위하여 편집 과정에서 필름을 뒤집어 이어 붙였을 것이다. 더구나 반전된 필름에서는 경기복 번호가 381번으로 나타난다. 손기정이 불만을 표현하기 위해 유니폼을 뒤집어 입고 달렸다는 진술은 사실이 아닐 가능성이 크다.

리자의 모습과 1988년 서울올림픽 개막식 때 백발의 노인이 성화 봉을 들고 춤을 추듯 달리며 관중들의 환호를 받는 장면을 극적으로 대비시킨다.

1936년의 기록은 우리의 기대에 못 미친다. 선수촌 소식지 『올림피아차이퉁(Olympia Zeitung)』의 1936년 8월 12일자에 이런 기사가 한 줄 나온다. "손기정은 기자가 나타나면 자리를 피했다. 매우 과묵하여 10분에 한 번 입을 열까 말까였다. 그는 고향인 한국(Korea)에서 훈련한 내용에 대해 말했다." 손 선생이 한국인이라는 사실은 당시 독일 미디어도 인지하고 있었다. 독일방송기록보관실(DRA)이 소장한 베를린올림픽 마라톤 중계방송 실황 녹음 중에 손 선생을 '한국인 학생'이라고 부르는 대목이 있다. "그 한국인 학생은 세계의 강자들을 물리쳤다(der Koreanische Student, er hat die Streitmacht der Welt zertruemmert)."

손 선생에 대한 망각은 1936년 8월보다 지금 더 깊다. 나는 2012년 7월 22일 독일 뤼데스하임(Rüdesheim)의 '참새골목(Drosselgasse)' 안에 있는 카페에 들어가 점심을 먹었다. 거기서 들은 일화. 1981년 10월 손 선생이 그 집에 들렀는데, 아무도 알아보지 못했다. 동행한 교민 한 분이 독일인들에게 물었다. "1936년 베를린올림픽 마라톤에서 누가 우승했는지 아는가?" 한 사람이 외쳤다. "일본인(Japaner)!". 교민은 '한국인'이라고 바로잡은 뒤 "그 분이 지금 여기 오셨다"고 소개했다. 우레와 같은 박수가 쏟아졌다.

올림피아슈타디온과 베를린 스포츠박물관에서 이름을 뭐라고 쓰든 일본이라는 국적은 바뀌지 않는다. 세계인의 머릿속에 제11회 올림픽의 우승자가 '일본인'으로 남아 있는 한, 손 선생의 마라톤은 결코 독립하지 못한다. 저승에서도 한스런 질주를 멈출 수 없을 것이다. 손 선생의 고통스런 달리기는 시지프의 고행을 떠올리게 한다.

손기정의 우승 소식을 전한 『올림피아차이퉁』의 표지

245

딕 포스버리

지난 7장의 「돈 잔치, 올림픽」 편에서 올림픽을 악용한 자들에 대해 이야기했다. 푸틴과 네로가 등장했다. 거기서 "고대 올림픽이 열리는 날 선수들은 모두 제우스 상 앞에서 돼지를 잡아 제물로 바치고 선서를 했다. 선수와 코치들은 부정을 저지르지 않겠노라고, 심판들은 뇌물을 거부하고 공명정대한 판정을 내리겠노라고 이런 선서가 왜 필요했겠는가. 올림피아의 폐허에 제우스 동상 받침대가 열 개 이상 남아 있는데 모두 경기에서 부정을 저지른 자에게 부과된 벌금으로 만들었다. 거기에 '올림픽에서 승리는 돈이 아니라 빠른 발과 체력으로 얻어야 한다'고 적었다"는 내용이 나온다.

현대올림픽에 횡행하는 부정을 모두 적발해 벌금으로 석재(石材)

를 사 모으자. 그러면 스타디움 하나를 짓고도 남을 것이다. 현대 올림픽의 타락은 현대스포츠의 지병(持病)이다. 올림픽의 제전은 이념·인종차별·상업주의·약물 등등 온갖 이유로 갈가리 찢어 졌다.『일리아스』에서 확인했듯이 편 갈라 싸우기 좋아하는 올림 푸스의 신들은 현대에 이르러 더 작은 단위로 쪼개져 싸우고 있을 것이다. 20세기에 열린 올림픽들은 이와 같은 징후를 뚜렷하게 보 여준다. 1936년 베를린올림픽과 1964년 도쿄올림픽에 대해서는 이미 살펴보았다.

인종차별은 스포츠계에 고질병이다. 1960년 로마올림픽 복싱 헤비급 경기에 출전해 우승한 흑인 청년 캐시어스 마셀러스 클레 이 주니어(Cassius Marcellus Clay Jr.)는 고향 루이빌에 돌아가 식당에 들어갔다가 흑인이라는 이유로 쫓겨난 뒤 올림픽 금메달을 오하 이오 강에 던져버렸다. 그는 1960년 10월 29일 프로 선수로 데뷔 했고, 이슬람으로 개종해 얻은 그의 새 이름 무하마드 알리 (Muhammad Ali)는 전설이 되었다. 1968년 멕시코시티올림픽 육상 남자 200m에서 우승한 미국의 토미 스미스(Tommie Smith)와 존 카 를로스(John Carlos)는 국가가 연주되는 동안 고개를 숙인 채 검은 장갑 낀 주먹을 치켜들었다. 인종차별에 대한 항의였다.

4년 뒤 뮌헨올림픽에서는 팔레스타인 무장단체 '검은 9월단'의 테러로 이스라엘 선수 열한 명이 죽었다. 동·서 이념대결은 급기야 올림픽을 두 동강 냈다. 서방은 소련의 아프간 침공을 구실로 1980년 모스크바올림픽을 보이콧했다. 1984년 로스앤젤레스 올림픽에는 동구권 국가들이 불참했다. 1988년 서울올림픽이 두 쪽 난 올림픽을 봉합한 대회라면 건강부회인지 몰라도 자부할 자격은 있다. 올림픽의 역사는 들여다볼수록 추악하다.

그럼에도 불구하고 우리는 올림픽과 스포츠의 역사를 더듬어 암흑의 시대를 훌쩍 뛰어넘는 호모루덴스의 위대한 영혼을 발견한다. 스미스와 카를로스가 하늘을 향해 검은 장갑 낀 주먹을 치켜든 1968년, 미국 오리건에서 온 청년이 멕시코시티의 올림피코 우니베르시타리오 경기장(Estadio Olímpico Universitario)에 모인 관중을 놀라게 한다. 청년은 육상 높이뛰기의 콘셉트와 역사를 완전히 뒤집어 놓는다. 리처드 더글러스 '딕' 포스버리(Richard Douglas 'Dick' Fosbury). 그는 '뒤로넘기'라는, 전례 없는 도약 기술로 금메달을 낚아챘다. 포스버리 플롭(Fosbury flop), 한자로 배면도(背面跳)라고 표기한다. 포스베리가 나타나기 전까지, 높이뛰기 선수들은 정면뛰기나 가위뛰기 같은 고전적인 기술로 우열을 가렸다.

경기 방식은 경기를 대하는 태도와 직결된다. 포스버리의 시도는 높이뛰기 종목에 대한 한 인간의 도전을 넘어 호모루덴스의 약동하는 정신과 창의를 반영한다. 나는 그런 점에서 포스버리가 스피드 마라톤의 시대를 활짝 열어젖힌 아베베 비킬라(Abebe Bikila)

만큼이나 위대하다고 생각한다. 그리고 포스버리가 성취한 혁명의 배경에는 현대 과학과 스포츠 테크놀로지가 있다. 스펀지와 공기를 채운 매트가 없었다면 포스버리는 뒤로넘기를 할 수 없었을 것이다. 맨땅이나 모래바닥에 착지하던 시절에 머리나 등허리가 먼저 땅에 닿는 뒤로넘기를 했다가는 기록을 확인하기도 전에 뇌진탕으로 세상을 하직했을 테니까.

포스버리 플롭

본능적으로 간파했다. 김기수는 1966년 6월 25일 서울 장충체육관에서 박정희가 지켜보는 앞에서 이탈리아의 니노 벤베누티(Nino Benvenuti)를 누르고 한국인으로서는 최초로 프로권투 세계챔피언이 되었다. 김기수는 박정희의 관심과 직접적인 지원을 받으며 운동했다. 박정희는 박태준에게 김기수가 세계챔피언이 될 수 있게 후원하라고 지시했고, 박태준은 김기수에게 '주먹으로 세계 일등이 되라'는 뜻의 '권일(拳一)체육관'을 신설동에 열어 줬다.

영화 〈내 주먹을 사라〉에 출연한 김기수

박정희는 나중에 홍수환도 김기수와 거의 똑같이 대우했다. 대통령의 지원은 경기장에 입장한 관중의 입장료로는 도저히 메울 길 없는 가난을 해소할 수 있는 확실한 보상이었다. 홍수환은 1974년 남아프리카공화국까지 날아가 아널드 테일러(Arnold Taylor)를 이기고 밴텀급 세계챔피언이 되었다. 박정희는 그를 청와대로 불러 격려하고 금일봉을 '하사'했으며 홍수환만을 위한 체육관을 지으라는 명령을 내렸다. 영부인 육영수가 재일교포 문세광이 쏜 총탄에 맞아 사망하는 변고가 없었다면 또 하나의 '권일체육관'이 건설되었을 것이다.

인기가 하늘을 찌르던 시절, 김기수는 링을 떠나 은막에 도전한다. 김기덕이 감독하고 김지미와 박노식이 공연(共演)해 1966년에 개봉한 <내 주먹을 사라>에 권투선수로 등장한다. 가공할 철권으로 상대 선수를 죽게 만든 뒤 은퇴했다가 재기하는 역할이다. 극중에서도 이름은 김기수였다. 김기수 말고도 권투선수의 영화 출연은 더러 있었다. 주니어 미들급 세계챔피언을 지낸 유제두는 1975년에 <눈물 젖은 샌드백>을 찍었다. 놀이는 서서히 경기장을 벗어나 대중 속으로 번져 나갔다.

스포테이너, 프로슈머

"국립국어원은 스포츠와 엔터테인먼트의 합성어로 운동에 오락적인 요소를 함께 갖춘 것을 일컫는 '스포테인먼트(spotainment)'를 대신할 우리말 순화어로 '흥끌이운동'을 선정했다."

2009년 2월 17일자 인터넷기사다. 그 후 6년이 지나도록 나는 '흥끌이운동'이라는 말은 들어 보지 못했다. 아무도 말하지 않으면 언어가 아니다. '흥끌이운동'은 '스포테인먼트'에게 진 것 같다. '스포테인먼트'는 매우 상업적이다. 스포테인먼트를 강조하는 프로 스포츠 클럽에서는 '운동 경기 이상의 가치와 내용을 추구하며 관중들이 잠시도 눈을 뗄 수 없는 즐거움을 선사하겠다'고 선전한다.

프로레슬링 단체인 세계레슬링연맹(WWF; World Wrestling Federation)에서는 1980년대에 자신들의 프로레슬링 경기 스타일을 스포츠 엔터테인먼트로 소개했다. 이보다 앞선 1935년 2월에 『토론토 스타』의 에디터 루 마시(Lou Marsh)가 프로레슬링을 'sportive entertainment'라고 표현한 사례가 있다. WWF는 1989년에 자신들의 레슬링이 실제 경기가 아니라고 확인했다. 물론 스포츠 엔터테인먼트가 모두 경쟁이 전혀 없는 쇼는 아니다. 우리 프로농구 팀 선수들이 묘기농구단 할렘 글로브트로터스(Harlem Globetrotters)에 속한 선수들과 경기를 한다면 이긴다고 장담 못한다.

현대 스포츠는 종목에 관계없이 스포테인먼트화하고 있다. 슈퍼스타들의 갈라쇼(Gala Show)는 스포테인먼트를 이해하는 데 좋은 예가 된다. 『아시아경제』는 2008년 8월 20일자로 "베이징 올림픽을 계기로 '스포테이너'가 떠오른다"고 보도한다. 기사는 "스포테이너는 스포츠(Sports)와 엔터테이너(Entertainer)의 합성어"라고 정의하고 두 부류로 나눴다. 첫째 스포츠에서 성공해 끝까지 자기 영역을 고수하는 '한 우물 스포테이너', 둘째 스포츠로 이름을 알린 다음 연예계로 옮긴 '전업 스포테이너'다. 차범근·박지성·선동렬 등이 전자, 강호동·강병규·최홍만이 후자로 분류됐다.

스포테이너들은 스포테인먼트 시장의 '생산자'들이다. 소비자는 팬이다. 그런데 현대의 팬들은 단지 제공되는 콘텐츠를 수용하는 데 그치지 않는다. 그들은 '프로슈머(prosumer)'가 된다. 생산자

(producer)와 소비자(consumer)를 합친 말이다. 마샬 맥루한(Marshall Mc-Luhan)과 배링턴 네빗(Barrington Nevitt)은 1972년 『현대를 이해한다 (Take Today)』에서 "소비자가 곧 생산자가 될 것"이라고 주장했다. 앨빈 토플러(Alvin Toffler)는 1980년 『제3의 물결(The Third Wave)』에서 소비자가 생산 단계에도 직접 참여하는 미래 소비자의 속성을 정확히 예측했다.

『현대를 이해한다(Take Today)』

이 시대는 고객 중심의 시대이다. 프로슈머는 직접적으로 자신의 의견을 반영한다. 활발하게 의견을 개진하고 불매운동 등 시위도 서슴지 않는다. 생산자는 그들의 요구를 반영하지 않고는 경쟁력을 유지하기 어렵다. 스포테이너들도 예외는 아니다. 뛰어난 경기력은 기본이고 고소득 사회구성원으로서의 책임의식, 실천의지, 대중과 호흡하는 자세 등을 요구받는다. 운동만 잘하면 되던 시대는 지났다.